叢書・現代社会学③

社会学とは何か

意味世界への探究

盛山和夫著

ミネルヴァ書房

刊行のことば

人間の共同生活の科学である社会学の課題は、対象とする共同生活における連帯、凝集性、統合、関係などを一定の手続きに基づいて調査し、その内実を理解することにある。数年から十数年かけてまとめた研究成果は、江湖の批判や賛同を求めるために、ジェンダー、世代、階層、コミュニティなどの社会分析の基本軸に着眼しつつ執筆され、社会学的想像力と創造力に溢れる作品として刊行される。

「叢書・現代社会学」は、二一世紀初頭の日本社会学が到達した水準を維持し、それぞれで研鑽を積み上げた専門家が、得意なテーマを絞り、包括的な視点での書き下ろし作品を通して、現代社会と社会学が抱える諸問題に答えようとする意図をもつ。

この狙いを達成するには、一六〇年の社会学史のなかで培われてきた研究の軸となる基礎概念や基本的方法を身につけ、顕在機能と潜在機能、格差と平等、土着と流動、開放と閉鎖、包摂と排除などの視点を駆使しながら、文献や調査資料などのデータ分析からのロジカルシンキングを行うことである。これには、事例を集める、事実を確認する、定義する、指標化する、観察する、解釈する、概念を作る、推論する、原因やメカニズムを追求する、分析する、比較する、結論を下すといった科学的で普遍的な論証のための過程が含まれる。

学界の最先端の水準を維持したうえで、分かりやすく読み応えのある叢書をという目標のもと、企画会議を繰り返し、試行錯誤のなかで斬新なシリーズを誕生させることができた。叢書全体で、現代社会の抱える諸問題と真剣に格闘しつつ、社会学という学問の全体像を明らかにし、次世代による更なる探求への発展につなげたいと願っている。

その意味で、日本社会学界の今後にもささやかな貢献ができると確信する。幅広い読者の支援をお願いする次第である。

二〇〇九年九月

金子勇・盛山和夫・佐藤俊樹・三隅一人

はしがき

一般に「○○とは何か」という問いは、かならずしも「○○」がよく分かっている観点から、その内容を初学者にやさしく説明するというものとは限らない。むしろ、○○がどういうものなのかよく分かっていないという状況のもとで、○○について探究するという観点で立てられている問いであることが少なくない。本書の「社会学とは何か」という問いもそういう観点からのものである。

今日、社会学という学問は、たとえば格差問題、若者の雇用、ジェンダーや介護問題、あるいはインターネット文化やアニメ文化などの領域で、注目されたり関心をもたれたりする発言や研究を生み出しており、世間的にみた社会学のプレゼンスはけっして小さくはないといっていい。こうした点では、社会学にはポジティブなイメージが存在する。

しかしその一方で、社会学というのは分かりきったことを晦渋で曖昧な言葉によって説明しようとしている学問だとか、あるいはその逆に、たんに調査をやってデータを集めているだけの学問だというイメージも根強い。

このどちらも社会学の現状として真実であることは間違いないのだが、こうした対立するイメージが、社会学を分かりにくくしている。

「社会学とは何か」というような問いは、一見すると、社会学を勉強したり研究したりしているごく少数の人々だけにしか意味のない問いであるかのようにみえるかもしれない。基本的には、そう受けとられてもしょうがないところがある。しかし、私は、この問いは狭い範囲での社会学を超えた意味をもつものだと考えている。なぜなら、この問いはかならずしも「現在の社会学が行っていること」を知りたいという問いではなく――それだったら、社会学の専門誌をみればだれでもすぐに分かることだ――、「現代社会において、社会学という学問はいかなる意義をもつか」の問いだからである。つまり、社会学という学問を通じて、現代社会について何を探究することが重要なことであるかという問いなのである。

いつの世にもそしてどの社会にもさまざまな問題や課題が存在するが、一九世紀の半ばに創設され、二〇世紀の初めに確立した社会学は、その時代の先進産業社会の課題を引き受ける形で発展してきた。近代化や産業化、あるいは階級や社会変動が社会学の大きなテーマであったのはそのためである。しかし、一九七〇年代くらいを境に、現代社会の課題に重要な変化が起こった。貧困や階級の問題が大きく後退し、そのかわりに、環境、ジェンダー、マイノリティ文化などの問題が新しく重大な関心事となっていった。それに加えて、多くの先進社会では、少子高齢化、社会保障制度の持続可能性、若年労働者の失業など、それまでの産業化のプロセスのなかでは存在しなかったかあるいは一時的にしか存在しなかったような問題に、恒常的に直面することになったのである。

こうした時代の変化をうけて、社会学の研究テーマは多様化し、分散し、拡散していった。それは一方では新しく、革新的で、創造的な探究の広範な展開を意味していた。しかし他方では、社会学のアイデンティティの拡散であり、伝統的な社会学とのつながりの希薄化であり、学問的共同性の弱まりを意味することになってしまったのである。

実のところ、社会学者自身が「社会学とは何か」という問いに直面しているのである。それは、社会学の教科書をのぞいてみればすぐに感じられることだ。英語圏でも日本語でも、この二、三〇年間、教科書らしい教科書の出版そのものが多くはないのだが、その少ない教科書で「社会学」をどう定義しているかをみれば、せいぜい「人間社会の科学的研究」という程度にしか述べていない。場合によっては、定義を示していないものすらある。

教科書というものは、自らのよって立つ学問がどういうものであるかを初学者に向けて解説するものだ。たしかに、「社会学」や「社会学入門」と題した教科書は、社会学の名において展開されているさまざまな探究を広く紹介している。したがって、社会学の「現状」がどういうものであるかを知らせるという点では、不足はない。それはいわば「社会学」の経験的な「記述」である。その結果、今日の社会学がきわめて多様な社会的事象にたいして、きわめて多様な方法や問題関心でアプローチしているという事実は伝えられている。

しかし、教科書に求められるのはそれだけではないだろう。教科書というのは、その学問のアイデンティティを確認する媒体である。そこでは、その学問の「理念」が貫かれていなければならない。少なくとも、その学問が他の学問とは異なるどういう特徴をもっているか、それは、基本的にどういう問題関心で対象世界を解明しようとしているか、そしていったい何を達成したか、を語らなければならないだろう。ところが、それが今日の教科書には欠落しているのである。

社会学は自己を見失っている。しかもそれは社会学だけの問題ではなく、今日の社会学が実際に取り組んでいる現代社会のさまざまな課題にとっての問題なのだ。この観点から、社会学のあるべき姿を探究すること、それが本書のテーマである。

この探究は同時に、「社会とはいかなるものか」という問いに結びついている。一九七〇年代以降の社会学の混迷には、それまで無意識のうちに前提されていた「社会」の観念が壊れてきたことが無視できない背景としてある。端的に言って、「客観的に実在する社会」というものが前提されていたのであるが、その前提が崩れてしまった。それによって、「客観的に実在する社会」を対象とする経験科学としての「社会学」という構図が解体してしまったのである。

社会とは人々の「意味世界」として存在するものである。いうまでもなく、この認識は、すでに今日の社会学者の多くに共有されている。しかし、その場合、それでは意味世界としての社会的世界についての学問的探究がいかにして可能か、それはどのような学問でありうるのかという問題が生まれることになる。

実際、この「意味世界」としての社会像を前にして、さまざまな新しい「社会学的アプローチや方法」が語られてきており、この点での拡散も、社会学のアイデンティティの衰弱に影響しているといえるだろう。いずれにしても、意味世界としての社会的世界についての学問である社会学はいったいいかにして可能かという問題は、これまで誰によっても納得のいく形では答えられてはいないといわざるをえない。

本書は、その問題に答えをだすことをめざしている。それが「社会学とは何か」という表題の意味するものだ。一〇〇パーセント、何から何までとはいかなくても、読者の皆さんが、本書をつうじて、「意味世界としての社会的世界」を探究するとはどういうことか、そこにいかなる難問が待ちかまえていて、それはどのようにして乗り越えることができるかについて、多少なりとも新しく知ったり理解したりすることができたと思っていただければ幸いである。

社会学とは何か——意味世界への探究

目次

第1章　意味世界としての社会的世界

社会学とはどういう学問かと問われれば、社会学者でさえ答えに窮してしまう。経済学や政治学のように、固有の対象領域を指し示すことが難しいのである。それが社会学の特性だといえばそうだが、その理由を考察することが、社会学とは何かを考えることになるだろう。

日本の社会学者のあいだには、「斜めに構えて社会をみること」が社会学だという理解が広まっている。一部そういう面もあるが、しかし実際の社会学の営みと合致しているとはいえない。ここには、社会学という学問の「客観性」問題が関わっている。こうした困難の背景にあるのは、社会的世界が意味世界だということであり、社会学がそうした意味世界に関する学問だという点にある。

1　斜めに構えるのが社会学？

固有の研究領域がない

社会学って何だ。これは、少しでも大学で社会学の授業を受けたことのある人なら、ほとんど必ず抱くはずの問いだろう。社会学科や社会学部の学生でさえ、「結局、社会学ってよく分からない学問だよね」という感じをもったまま卒業していくことが多い。

一つの理由は、「社会学」という名称のもとでじつにさまざまな研究や書物が生み出されていることにある。大きな書店で「社会学」と表示されている棚を見ると、「社会学入門」というような教科書のほかに、ルーマンやブルデューあるいはベックやバウマンなど、「社会学者」とみなされている著者たちの翻訳書が並んでいる。しかし、社会学はそうしたいわばオーソドックスな社会学に限らない。多くの学生にとっては、むしろインターネットや携帯、あるいはアニメやアキバ系といわれる現象について日本人の書いた書物の方がなじみ深いかもしれない。そうした中の一部には、ルーマンやベックの理論を使ったものもあるが、ほとんどは関係がない。しかも、こうした現象についての書物は新書の形ででていることが多く、その場合には必ずしも社会学の棚に置かれているわけではない。

具体的な現象についての研究としては、階級・階層・格差、あるいはジェンダーや家族といったテーマの本は、社会学に分類されたり、社会学の近くに置かれたりすることが多く、社会学という学問を構成する代表的な領域群だと言える。これらのテーマを専門とする研究者も社会学者が多いのは事実だ。しかし、社会学の独占的なテーマかと言えば、そうではない。格差と階級・階層の問題については、近年とくに経済学や政治哲学からの研究が増大している。また、ジェンダーについては、文学や歴史や哲学での研究も盛んで、ほかにも労働経済学や人類学などさまざまな学問分野からの研究がある。さらに家族は、昔から社会学以外に法制史、民法学、そして歴史学などの分野でも主要な領域の一つであった。

したがって、階級・階層、ジェンダー、あるいは家族という領域の研究であれば、それはすなわち社会学だ、ということにはならない。

ここから分かることは、何か特定の現象（たとえば「階層」）があって、その現象を研究すればそれは

「社会学」だ、というふうにはなっていないということである。この点は、金融や財政といった領域の研究が何よりもまず経済学に属している、という状況とは大いに異なっている。政治学でも、国会や内閣や行政といった現象をいわば固有の研究領域だと考えることができるだろう。それに対して社会学には「固有の研究領域」といえるものが存在しない。少なくとも、明確ではない。これが、社会学とは何かが非常に分かりにくくなっている第二の理由である。

一方では、「社会学」の名できわめて多様な研究がなされており、他方で、「この領域を研究すればそれは社会学だ」といえるような領域が存在しない。これが社会学を分かりにくくしている（表面的な）理由である。

ちなみに、社会学のテキストとして世界中でもっともよく読まれているギデンズの『社会学』（第三版、Giddens 1997）では、社会学を「人間の形作る社会生活や集団、社会を研究し、社会的存在としてのわれわれ自身の行動を研究対象とする」と定義している（Giddens 1997 = 1998 : 24）。これは、「研究対象」によって社会学を定義するという形式になっている。しかし、研究対象が「人間の形作る社会生活や集団」「社会」「社会的存在としてのわれわれ自身の行動」だということは、社会学に限らず、社会的なものを研究するすべての学問に当てはまってしまう。これでは社会学を定義したことにはならない。

斜めに構える？

社会学をその「固有の研究領域」によって特徴づけることは難しい。このことは、以前から多くの社会学者によって意識されていた。そこで、「研究領域」によってでなく、何らかの「方法」、もっといえば「アプローチのしかた」や「視点の持ち方」などによって特徴づけることができるのではないかと考えた人たちも多い。「総合的だ」とか「社会の結合形式に注目するのだ」とか、あるいは「人間関係の学だ」とか「社会秩序の学だ」というような考え方がその例である。

そうした中で、一九八〇年代頃に研究生活をはじめたような日本の若い社会学者を中心に、「社会から距離をおいて、斜めに見る」というアプローチを取るのが社会学だという特徴づけが現れている。この考えは、通常のテキストに明確な形で述べられることは少ないけれども、一種の密教のようなかたちで、日本に限らず、世界の社会学者のあいだにひそかに広まっているといえる。実際、たとえば今手元にある金菱清『体感する社会学』(2010)でも、社会学のポイントは、「日常生活の『当たり前』とは異なるものの見方ができるようになること」だと説明している(金菱 2010：8)[1]。「当たり前とは異なるものの見方をする」、つまり「距離をおいて斜めに見る」とは、次のような意味だ。

多くの場合、人は、社会の現状に何かしら「問題」を感じているからこそ、社会について研究したり考察したりしている。そこには、「社会の中の当事者」としての問題意識がある。たとえば、ジェンダー研究の場合、現実の社会のさまざまなところに存在しているジェンダー差別は「問題だ」と考えて、研究者を志した人が多い。あるいは、環境社会学であれば、水俣病に苦しむ人々や濁って澱んだ琵琶湖などをきっかけにして、なぜそのようなことが起こったのか、社会はどうしたらそうしたことが二度と起こらないようにできるのか、というような問題意識が基盤になっている。自分自身がジェンダー差別を受けたり環境汚染の被害者であったりしなくても、同じ社会に生きるものとして「他人事ではない」、「見過ごしてはいけない」という意識がある。これを「当事者意識」と呼ぼう。

通常は、社会学に限らず、社会についての研究や考察には何らかの当事者意識があるのがふつうだし、とくにそれはおかしいとみなされたりはしない。経済学者は経済が良くなることを願っているし、政治学者であればよい政治が行われることに関心をもっている。

ところが一部の社会学者は、「社会学とは、むしろ当事者意識を離れて社会を研究するという点に最大の特徴がある」と考えているのである。これは、一般に「構築主義」と呼ばれる立場と深く関連している。それについてはあとでまた述べる。「当事者意識を離れる」とは、「コミットしないこと」「自分にとっての問題だと引き受けないこと」という意味である。たとえば、ジェンダー問題であれば、「ジェンダー差別はあるかもしれない、たぶんきっとある。しかし自分は、それをなくそうとか、批判しようとかする立場には立たない。ジェンダー差別という現象を、自分とは無関係なものとして対象化して研究する。それが、社会学でジェンダーを研究するやり方である」と考えるのである。

なぜ、そう考えるのだろうか。その基本にあるのは、「コミットすることは『客観的であること』を損なう」という考えだといっていい。たとえばジェンダーの場合、たしかに「ジェンダー差別をなくす」という立場から研究しても問題はなさそうに見える。というより、むしろそうあるべきだと考える人の方が多いかもしれない。しかし、もしかしたら、そこで「ジェンダー差別だ」と思っていることはたんに自分が主観的にそう思っているだけなのかもしれないのだ。「コミットすること」と「主観的であること」とは、同じではないにしても非常に近接している。そのことは何らかの問題や対立に自分が巻き込まれたときのことをちょっとでも反省的に振り返ってみればよく分かる。

レイベリング論の衝撃

それだけではない。一九六〇年代の終わり頃から、社会学者たちは、それまでの社会学が、自分ではきわめて客観的に分析しているものと思いこみつつ、実のところあまりにも社会で日常的に通用している価値観を「自明のこととして受け入れていること」に気づかないで研究してきたことを、反省的に捉えるようになってきた。とくに、「逸脱」に関するベッカーの「レイベリング論」(Becker 1963) は、一九六〇年代の終わりから七〇年代にかけて社会学を志した多くの若者にとって、ある種の「啓示」として受け止められた。「そうか、社会学とはそのように社会を見ることなのか」という納得のいく感覚をもたらしたのである。

逸脱現象というのは、犯罪やマナー違反のように、社会で「正常」あるいは「正統」とみなされているものから外れた行為をとることをいう。そのころまでの社会学は、何が逸脱であるかはいわば「客観的」に決まっているものと考える傾向があった。そのことは、デュルケムが『社会学的方法の規準』(Durkheim 1895) で「正常」と「異常」の区別は客観的なものだと主張したことによく現れている。たしかに、盗みや殺人のような行為が「逸脱」であることは、何らかの意味で「客観的だ」といってもいいように見える。少なくとも限りなく客観性に近い逸脱が存在することは間違いない。しかし、たとえば「喫煙」はどうだろうか。

理論的にも社会的にも重要だったのは、家族や性に関わる「生き方」「ライフスタイル」への規範的意識の問題であった。具体的には、「同性愛」という生き方や「離婚」「生涯独身」などを選択することについて、社会学はどういうスタンスを取るべきかという問題である。現在でも世間ではこれらは「異性愛」や「生涯持続した結婚」と比べてやや「逸脱的」というみられ方をするが、かつてこれらに対する差別的な扱いや見方はもっと激しいものであった。とくに、欧米社会では同性愛はほとんど犯罪に等しい扱いを受けていた。逸脱か否かが客観的に決まっていると考える社会理論は、このようなケースについて、現実の社会で行われている差別的な取り扱いを理論のレベルで正当化することになる。

一九六〇年代、ベトナム反戦運動を軸として燃え広がった学生叛乱の時代は、ロック、フォーク、ビートルズ、ウッドストック、ヒッピー、コミューン、などに現れたり象徴されたりするように、それまでのアメリカ社会の正統な生き方であったピューリタン的、中産階級的な価値観やライフスタイルが根底から問い直されていった時代でもあった。そのころいわば「社会に目覚めた」若者たちは、大人の世界でそれまで正統とみなされていたものに疑いを抱き、反発し、乗り越えようと模索していったのである。

レイベリング論は、マリファナ使用とかジャズ・ミュージシャンとか、それまで「逸脱的」とみなされていた現象をまったく新しい角度から見る視点を提供してくれた。何が逸脱か、何が正常で何が異常かは、けっして客観的に決まっているものではなく、たんに世間の人々がそう思っているだけのことではないのか、というのである。そうだとすると、世間において「逸脱」とみなされていることをたんにそのままなぞっているだけの社会学理論はけっして「客観的」な理論とはいえない。客観的に見るとはむしろ世間の見方から距離をとることであり、世間の見方そのものを「対象化」してみることでなければならない。ベッカーのレイベリング論は、こうした社会学的スタンスの始まりを告げるものであった。

厳密に言うと、「何が逸脱かは、たんに世間の人々がそう思っているだけだ」ということが真実だとしても、それから直ちに「社会学において『逸脱』という現象を扱うことに意味はない」とか、「逸脱と逸脱でないものとを区別することはできない」ということにはならない。この点については、あとで詳しく考察したい。

レイベリング論によって明確になったのは、社会において、ものごとや人々がさまざまに区分され、それぞれが異なった意味をもち、異なった取り扱いを受けている、そのしくみは、社会生活を営んでいる人々によって「作られたもの」だということである。実際、社会では、国民と国民でないもの、男と女、成人と未成年、結婚しているものとそうでないもの、正社員と非正社員、大学卒とそうでないもの、などの区分が重要な意味をもっている。個人個人は、そうした区分のどちらに入れられるかによって、運命が大きく異なる。しかし、そうした区分のしかたはかなりの程度恣意的である。たとえば、成人と未成年とを何歳で分けるかは国によって異なっている。誰が国民かに関しても、国の分裂や統合によって変化するし、国際結婚によって生まれた子供の国籍の決め方もまちまちである。どういう手続きがあればあるカップルを「結婚している」とみなすかについても、時代や社会によって異なる。手続きを経ていない「同棲」をどの程度「結婚」と同様に扱うかもさまざまに異なっている。

何が犯罪かについてもしばしばそうだ。アメリカでは二〇世紀の一時期、酒の販売が「犯罪」であった。日本では、戦後のある時期まで、売春は合法的であった。かつては、選挙を手伝ってくれる運動員にアルバイト謝金を支払うことは当然のことであったが、いまでは「買収」とみなされている。このように、同じ行為が時代や社会で犯罪になったりならなかったりする。このことは、「何が刑罰を科するに値するほどの逸脱であるか」は、必ずしも「客観的」に決まっているのではなく、当該社会に住む人々の「主観的な判断」に左右される部分が大きいことを表している。

社会学では、一九六〇年代の終わりから七〇年代にかけて、このような「当事者の主観」に依存しているものをあたかも「客観的に決まっていること」とみなしてきたことは、大きな間違いであったという反省が広がっていった。その反省の過程で、社会学はそれまで以上に、「客観的な学問」であることを強く意識するようになった。つまり、特定の時代や社会に依存するのではなく普遍的に妥当するような客観的な真実を探求する学問、という位置づけである。そのためには、特定の時代や社会から「距離を取る」視点に立たなければならない。それは、社会学者自身が生活している社会を研究対象とする場合もそうである。

こうした考えが基本となって、「社会学とは社会から距離を取って、社会を斜めに見ることを旨とする学問だ」という考えが広がっていったのである。

2　文化・社会を研究することの「客観性」問題

なぜ社会学は客観性が問題になるのか

自然科学を含めた科学全般の客観性が問題になることもあり、学問の客観性という問題は多かれ少なかれどんな学問でも問われていることではあるが、それでも、社会学ほどこの問題につきまとわれてきた学問はないだろう。同じ問いは、当然、社会科学として経済学や政治学にも投げかけられているはずなのだが、それらはこの問題に対して社会学ほどの関心は示していない。社会科学には属さないかもしれない哲学や歴史学もそうだ。

なぜ、社会学は自らの学問としての客観性にかくもこだわるのだろうか。ここに、社会学という学問の重要な特性が関わっているのではないか。

これは本書全体を通じて考えていくテーマなのだが、ここではまず次の点に注目しておきたい。それは、社会学は、経験科学であることを志向しながら、その研究対象が「意味世界」であることを強く自覚した学問だということである。

「経験科学」というのは、「経験的に観測されることがらに基づいて知識の体系を構築していく学問」のことである。天文学的観測や実験を通じて宇宙の体系や物理の法則を発見していった物理学や化学は、当然、経験科学である。生物学も、リンネやダーウィンのように当初は生物そのものの観測を通じて、そして今日ではさらに細胞やDNAレベルでの実験を通じて知識を組み立てていっているので、経験科学だ。

社会学という学問名称は、よく知られているようにA・コント（一七九八〜一八五七）の「実証哲学」の中から生み出されたものだが、ここで「実証（positive）」という言葉は「経験的（empirical）」という意味にほとんど等しい。コントは「社会物理学」という言葉も使っている。彼がめざしたのは、神学や法学とは異なって、自然科学のように社会を探究することであった[2]。その精神は、その後、社会学がアカデミズムの中に地位を確立していく際にも、一〇〇パーセント受け継がれていった。

経験科学は、「経験的な事物」が研究者からは独立して客観的に実在していることを前提にしている。科学が客観的であるためには、その対象が客観的に実在していなければならない。この考えを社会学で明確に主張したのが、E・デュルケム（一八五八〜一九一七）の「社会的事実」の概念である。それは次のように定義されている。

社会的事実とは、固定化されていると否とを問わず、個人のうえに外部的な拘束をおよぼすことができ、さらにいえば、固有の存在をもちながら所与の社会の範囲内に一般的にひろがり、その個人的な表現物からは独立しているいっさいの行為様式のことである。(Durkheim 1895＝1978：69)

ここでデュルケムは、「客観的に実在している」ことの証拠として、「個人のうえに外部的な拘束をおよぼす」という点をあげている。これは、社会的事実が人々のたんなる主観的な思いこみではなく、人々から独立してその外部に存在していることを強調したものだ。つまり、人々にとって「客観的に実在している」もの、それが「社会的事実」である。それは、「モノのように」存在している。制度、規範、慣習などの社会的事実は、実際には物的なものではないが、社会学的な認識の対象としては、あたかも自然科学における物的なもののように扱うことができるという意味である。

このようにして、社会学は「経験科学」であるとの自己認識を確立していった。今日の社会学において、とくに教育課程を中心に社会調査が重視されているのも、社会学が経験科学であるとの強い自覚をもっているからである。

しかし、たんに経験科学だというだけなら、自然科学と同じで、何もことさらに自らの客観性に悩まなくてもいい。自然科学についてもその客観性を問題にする議論はあるが、そのほとんどは自らは自然科学に従事していない哲学者や科学史家である。それに対して、社会学の場合は、社会学者自身が自らの客観性を問題にしているのである。

その理由は、社会学の対象である「社会」あるいは「社会現象」が、物理学・化学や生物学の対象とする「自然」とは非常に異なった性質のものだということを、社会学者が重視していることにある。

もっとも、ここで「どのように違うと考えるか」によって、社会学の客観性についての考え方に違いが生まれてくる。一方の極には、社会や社会現象といえども自然現象と何ら変わるところはないと考える人がいる。そうした人にとっては、社会学の客観性問題は存在しない。自然科学と同じように観測や実験を積み重ねていけば、客観的な社会学的知識を構築していくことができると考えている。しかし、これは今日ではかなり少数派である。

ヴェーバーにおける文化科学

自然科学との違いについて、興味深い洞察を加えた論者の代表の一人が、M・ヴェーバー（一八六四〜一九二〇）である。彼は、『客観性』論文（正確には、『社会科学と社会政策における認識の『客観性』』〔1904〕という書名だが、以下、略して表記する）において、自然科学に対比される学問を「文化科学」と呼んで、その特徴を考察している。彼のいう「文化科学」というのは、歴史学を中心にしながら、社会学、経済史、法制史、政治史、などを念頭においたものだが、「社会科学」とかなり重なり合っていると考えていい。そして、「文化科学」およびその対象である「文化」について、次のように述べている。

われわれは、生活現象をその文化意義において認識しようとする学科を、「文化科学」と名付けた。ある文化現象の形成の意義、およびこの意義の根拠は、法則概念の体系がいかに完全となっても、そこから取り出したり、基礎づけたり、理解させたりすることはできない。というのは、そうした意義やその根拠は、文化現象を価値理念に関係づけることを、前提としているからである。文化の概念は、ひとつの価値概念である。経験的実在は、われわれがそれを価値理念に関係づけるが故に、またそのかぎりで、われわれにとって「文化」であり、文化とは、実在のうち、価値理念への関係づけによってわれわれに意義あるものとなる、その構成部分を、しかもそれのみを、包摂するのである。（Weber 1904a = 1998 : 83）

ヴェーバーは、文化科学の目的は、自然科学のように「法則」を解明することではなく、第一義的に、個別の文化の「文化意義」を認識することにあると考えている。ここでいう「文化」とは非常に包括的なもので、芸術や思想のような狭い意味での文化に限らず、「資本主義」とか「封建制」のような社会経済的な構造も含んでいる。

では、「文化意義」とは何か。引用文中の、「文化とは、実在のうち、価値理念への関係づけによってわれわれに意義あるものとなる」という部分に若干の示唆が与えられている。つまり、それはまず、「価値理念」に関係づけられることによって「意義」づけられるものである。ここで「価値理念」とはかなり主観的なものとして設定されている。われわれが価値理念をもっているのである。そのことは、次の別の箇所の文章からも明らかである。

「文化」とは、世界に起こる、意味のない、無限の出来事のうち、人間の立場から意味と意義とを与えられた有限の一片である。（Weber 1904a = 1998 : 92）

ヴェーバーのこの言い方は、一種の「『意義』の人間中心主義」を意味している。すなわち、われわれは世界にさまざまな意味や意義を見いだしたり探究したりしているが、そうした意味や意義というものは、人間の知らないところで、人間を超えた何ものかによって付与されたり、自然物そのものに内在しているのではなく、結局のところ、人間の主観的な価値関心によって、本当は意味のない世界に、人工的に付与されたものだ、という考えである。このように設定された文化や文化意義が自然科学の対象とする自然と大きく異なるものであることは明らかだ。

ヴェーバーの「文化」というのは、今日、人文学や社会科学が対象としている諸現象に対応している。つまりは、人間の作り出した道具、芸術、思想、宗教、生活様式、経済、政治、社会、歴史、などであり、かつそれらを作り出すプロセスである。たしかにそれらは自然現象ではない。もっとも、自然の中にも人間によって作り出されたものが少なくない。農業はもちろん、多くの経済活動は自然に対する人間の働きかけからなっているし、道具や建造物は人間が自然から作り出したものだ。さらに、大気汚染や地球温暖化のような人為的現象もある。むろん、このような自然現象は、自然科学だけでなく人文学や社会科学の研究対象になっている。たとえば、農業における品種改良や病害除去は自然科学的な研究のテーマだが、農業生産のしくみや農産物流通経路は社会的な現象なので、それらの研究はどちらかといえば社会科学に属す。つまり、自然に関わるものであっても、「人間の働きかけのしかた」や「人間のつくりだした社会的なしくみ」は「自然」の領域ではなくて「文化」に属すと考えていいのである。

ただし、こうした文化の文化意義を認識することが文化科学のめざすものだというヴェーバーの考えは、正直に言って、あまり適切なものとはいえない。「文化意義」というのは、一九世紀後半にドイツの思想界・学問界で広まっていた歴史主義と新カント派の哲学の影響を受けたもので、現在、そのまま通用する概念とはいえないだろう。

じつは、文化意義を探究するものとしての文化科学という考えは、ヴェーバーよりも少し前に、ドイツの哲学者Ｈ・リッケルト（一八六三～一九三六）が『文化科学と自然科学』（初版、一八九八年）で提示したものである。さらに、リッケルトの文化科学の概念は、Ｗ・ディルタイ（一八三三～一九一一）の「精神科学」の概念を受け継いだものだといえる。ディルタイは、「解釈学」の祖とみなされている。哲学や歴史学や文学などの人文学は自然科学のように物的な対象を研究するのではなく、文書資料を解読したり、歴史的な事象を分析したり、世界の意味を考察したりすることからなっている。それは自然科学とは異なる学問であり、その固有の方法がなければならない。それが精神科学であり、その方法が解釈学なのである。

この考えをさらに発展させて、独自に「文化科学」の方法を理論化したのがリッケルトである。リッケルトは、「価値を離れた自然」を探究する自然科学と「価値を帯びた文化」を探究する文化科学とを対置して、文化科学には独自の方法と目的があることを力説した。

「文化意義」とは何かについて、リッケルトは次のように説明している。

> 客体の文化意義は、つまり客体の擔う了解し得べき価値と意味は、（中略）それを他の諸現実物から区別するものに基づいているのである。（Rickert 1899 = 1939 : 138）

つまり、文化現象（社会現象一般を含む）には、「価値と意味」がある。それが文化意義だ。しかし、リッケルトとヴェーバーには、重要な違いがある。ヴェーバーの場合、文化意義は研究者が主観的に見いだすものだ。それに対して、リッケルトの場合には、文化意義は「客観的に存在している」ものだと考えられているのである。それは上の引用文で、「価値と意味」は客体（＝当該の文化現象）が「擔（担）っているもの」だと想定されていることから分かる。その文化意義は、研究者によって「了解されうる」ものなのだが、それはもともと当該の文化現象に存在しているものなのである。

もともとの「文化意義」の概念はこのように客観的なものであった。もしも文化意義が客観的に存在しているのなら、その解明をめざすのは当然のことだ。多少難しいとしても、基本的に無理はない。しかし、ヴェーバーは文化意義が客観的に存在していると考えているのではない。そうだとすると、それを解明すること、そしてその解明をめざす文化科学という学問はどのようにして可能なのだろうか。いずれにしても、ヴェーバーにとって文化科学は、意味のない自然とは異なって、「人々の価値理念によって意義づけられたものを探究する」ものである。そのため、それには（自然科学のような）法則的認識では適切ではない。なぜなら、法則とは経験的実在にそなわっている性質なのだが、文化意義はそうした経験的実在そのものではないからである。

こうした観点から、ヴェーバーが打ち立てようとしたのが、有名な「理念型」の方法であるが、これについて検討するのはあとに回す。ここでは、ヴェーバーの「文化」の概念をてがかりにして、「社会的世界」の特性を考えておきたい。

3　社会的世界の特性

「社会」はあるか？

ギデンズの定義にもあるように、ふつう社会学は「社会」を研究対象とする学問だとされている。むろん、それだけだと社会学を他の社会科学から区別することができないという問題があるのだが、「社会」を対象とすること自体は間違いではないと思う人が多いだろう。それでは、その「社会」とはいったい何なのか？

結論的に言えば、日本語の「社会」には、二つの微妙に異なる意味がある。まず一つは、英語の society に対応する「社会」で、「日本社会」とか「これこれの農村社会」というように、あるまとまりをもった社会的空間のことを意味している。これは「個体としての社会」と呼ぶことができる。

もう一つは「世間」あるいは「人々のあいだの関係性」というほどの意味である。「世間」というのは漠然としたもので、必ずしも明確な境界をもつものではない。「社会で働く」とか「社会に貢献する」というときの「社会」はそのようなものである。これは「関係性としての社会」である。

いうまでもなく、個体としての社会は同時に関係性としての社会でもあるので、概念的にはその一部として包摂されている。ここで考えてみたいのは、「個体としての社会」というものははたして本当に存在するのか、存在するとすればどのようなしかたで存在するかという問題である(3)。

なぜ、こんな問題を考えるのか。「社会」があるのは当たり前ではないか、と思う人が多いかもしれない。「社会は存在するか」というような問いは、「世界は存在するか」「他者は存在するか」というような問いと同じように、論理パズルを楽しみたい哲学者たちの暇つぶしの問いで、まともにつきあう必要のないものではないかと思われるかもしれない。実際、後者についてはだいたいそんなものだと理解していればよい。しかし、「個体としての社会」についての問いはそういうものではない。

たとえば、「社会」という概念が社会学でどう定義されているかをみてみよう。まず、かのギデンズは、societyを「浅浮き彫りにおいて、他の体系の諸関係の背景の中から浮き上がってきている社会体系」で、ある特定の「諸制度の集合」によって支えられている、というふうに概念化している（Giddens 1984：164）。何かすっきりしない持って回った言い方であることが分かる。これは、個体としての社会の概念を念頭においたものであるが、なぜ「浅浮き彫り（relief）」とか「浮き上がってくる」というような言葉を使うかと言えば、「社会」というものを明確に境界づけることが難しいことにギデンズが気づいているからである。

個体としての社会を定義することが難しいのは、それを何らかの明確に境界づけられた社会空間として提示することが難しいからである。

たとえば、「日本社会」という日常的には当たり前に受け入れられている社会について考えてみよう。社会空間を境界づける方法として、まず思い浮かぶのは、地理的空間である。日本列島という地理的空間——これは、明確な境界をもっている——の内部で展開されている社会関係や社会的行為の集合、というすなおな考えが浮かぶだろう。しかし、すぐにこれでは都合が悪いことに気づく。たとえば海外のインターネット・サイトを見ているとき、わたしたちは日本社会に含まれているのかいないのか。

次に、「日本人」という概念を前提にして、日本人のあいだでの社会関係と社会行為の集合だという考えもありうる。しかし、日本列島には日本人以外の海外の人々もたくさんいるし、日本列島の外にいる日本人も多い。前者や後者を含めるのかどうか、はっきりしない。

ギデンズは、地理的空間でも人でもなくて、「諸制度の集合」という言い方をしている。それは一つの見識ではあるが、依然として問題は残る。なぜなら、「日本社会を構成する諸制度」なるものをどのようにして同定するかが明らかではないからだ。諸制度の中には成文法がある。それは日本という「国家」の制度だ。国家と社会とを同一視するのであれば、国家の成文法をもとにして「日本社会の諸制度の集合」というものを考えることができる。しかし、明らかに国家と社会とを同一視するわけにはいかない。なぜなら、社会を構成していると考えられる社会関係には、国家をはみでたり、国家から独立していたり、国家を超えたりしているものが少なくないからである。

それでは、「日本社会の諸制度」というものを考えたらどうだろう。でも、この場合には、あらかじめ「日本社会」なるものが決まっていなければならない。いま、日本社会の範囲を定めるためにその基準を考察しているところなのに、そこであらかじめ日本社会が決まっているという前提をおくことは、論点先取以外の何ものでもないのである。

このようにして、日本社会というきわめて日常的には自明な社会でさえも、いざ、それは何かを定めようとしたら、大変難しい問題にぶちあたることが分かる。

社会とは理念的な存在

人々や地理的空間は何らかの境界で区分することができる。というより、国家のような政治的制度は人々や地理的空間を境界づけることから成り立っている。しかし、社会関係を同じように境界づけることは困難だ。以前はともかく、今日では、人々のあいだの社会関係のネットワークはどこまでも広がっている。「地球社会」あるいは「グローバル社会」というのは、その外に社会関係が広がってはいかないという意味では境界づけられているかもしれないが、それ以外の「社会」には明確な境界は存在しない。

このことは、先のギデンズの例でも分かるように、じつは多くの社会学者はうすうすと気づいていたことであった。たとえば、富永健一は society としての狭義の社会を次のように定義している。

> 狭義の社会とは、複数の人々のあいだに持続的な相互行為の集積があることによって社会関係のシステムが形成されており、彼等によって内と外とを区別する共属感情が共有されている状態と定義される。（富永 1995：3）

この定義は、ギデンズなどよりもよく工夫されたもので、「社会」を三つの要素で考えている。第一は「持続的な相互行為の集積」である。これは「社会関係の集積」といってもいい。つまり、社会関係のネットワークに密なところと粗なところがあって、そのうちの密な部分をさしている。第二は、「社会関係のシステム」である。「システム」とは、複数の要素がばらばらに存在しているのではなく、なんらかのまとまりをもって相互に関連しながら一定の秩序を形成していることを意味する概念である。この二つの要素をあわせると、ギデンズの概念化における「他の体系の諸関係の背景の中から浮き上がってきている社会体系」をより具体的に表現したものになる。

第三の要素は、「共属感情」である。共属感情というのは、「自分たちはある同一の集団ないし社会にともに属している」という意識のことで、社会学では古くから「われわれ意識（we-feeling）」と呼ばれて、集団形成の重要な要素だと認められてきた。

共属感情を社会の定義に明示的に入れたことの意義は大きい。これは「社会」の存在にとって、「人々の意識」が重要な役割をはたしていることを意味しているのである。濃密な社会関係や相互行為という点だけなら、戦争状態にあって相互に敵対している人々や集団も共通にある「社会」を形成していることになるが、それはおかしいだろう。ベトナム戦争のときに、アメリカの人々とベトナムの人々とが一つの「社会」を形成したとはとうてい言えない。あるいは2ちゃんねるなどの書き込みサイトでは、あるテーマをめぐって複数のユーザーが議論を闘わすことがよくあるが、そこでも「社会」があるとは言えない。

「社会」が存在するためには、人々が「そこに『社会』がある」と意識していることが重要なのである。そして、厳密に言えば、それは「共属感情」とか「われわれ意識」というのとは少し異なる。たとえば、日本社会を考えると、たしかに多くの人々は「自分たちは日本社会に属している」という意識をもっているだろうが、すでに述べたように明確に「そこに属す人々」によって境界づけられているわけではない。共属意識をもたない人々やその社会関係によっても、日本社会は構成されているのである。

このことは、たとえば「あるコンビニ」というような小さな社会を考えても分かる。一つのコンビニが形成する社会をどのように考えるかはさまざまにありうるが、どんな風に考えるにしても、そこには、店長、正社員の店員、バイトの店員、フランチャイズの人々、商品を配達する人々、そして客、といった実にさまざまな人々が関わっている。そうした人々すべてに「共属感情」があるとはいえないだろう。

通常の株式会社にしてもそうだ。そこには、経営者、正社員、派遣社員、パート労働者、期限付き労働者、などのほか、株主、債券保有者、債務者、取引先、顧客、といったさまざまな人々が関わっている。「会社」という「社会」を考察する上で、「共属感情」を持たない人々を排除してしまうのは適切ではない。

「社会」というものの成立にとってもっとも重要なのは、「そこにこれこれの社会がある」という人々の了解なのである。むろん、これがたんなる幻想でないためには、一定の社会関係や社会的相互作用の集積が必要ではある。そして、たんに「社会」という抽象的、一般的な観念のレベルでの了解ではなくて、具体的に、「日本」とか「○○村」とか「株式会社△△」とか「××サークル」というように、それがどのような社会であるのかの中身を含めての了解でなければならない。さらに、この了解は共属感情をもつ人々のあいだだけではなく、その社会と関わる（基本的に）すべての人々に共有されていなければならないのである。

何らかのまとまりをもった「社会」というものは、けっして何か明確で紛れのない形で存在するのではない。それはきわめて微妙なぼんやりとしたしかたでしか存在しないものなのだ。ギデンズが「浅浮き彫りにおいて浮かび上がってくるもの」という苦し紛れの言い方しかできなかったのは、そのためだ。そうした微妙な特性の第一は、それが人々の「了解」から成り立っているということである。了解とは主観的な思いこみでもある。了解と誤解にたいした違いはない。これこれの「社会」があるという主観的な思いこみが人々に共有されていなければならない。

第二の特性は、その思いこみは一定程度、人々の経験と整合的だということである。ある会社に就職した人は、当然、ある具体的な場所に行って仕事をし、上司や同僚たちと話をし、給与が支払われるということを期待している。採用通知が来て、行ってみたらそこには何もなかったというようなことが起これば、その会社は本当はないのだ、欺された、と気づく。

第三の特性は、その思いこみは人々のあいだで完全に一致している必要はないということである。「家族」がいい例だ。若い夫婦と子供たちからなる「家族」は、誰が家族員かについて人々の思いこみは一致している。しかし、子供たちが別に住んで生計も独立した生活を送るようになると、誰が家族かは曖昧になって、各人の了解も一致しなくなることが多い。たとえば、親は子供も含めて家族だと思っているのに、子供はそうは思っていないことがある。日常的にはそれで何も問題ない。

それぞれの人にとって、「家族」はそれぞれのしかたで存在する。それは、「富士山」のように「客観的」に存在するのではない。「それぞれのしかたで」ということは、「それぞれの〈意味世界〉で」ということだ。「意味世界」というのは、人の主観的世界が意味に充ち満ちていることをいう。世界がどうなっているか、なぜ世界はこのようになっているのか、何に価値があるか、どう生きたりどう行為すべきか、何が正しくて何が間違っているか。人は誰でもそうしたことがらを問いかけ、部分的に答えを見いだしながら生きている。そうした問いと答えとからなっているのが意味世界である。

意味世界は想像の世界である。だれも「意味」や「価値」や「正しさ」などを見たものはいない。にもかかわらずわれわれは、「人生の意味はこうだ」とか、「その研究には価値がない」とか、「正しい判決が下された」などと言う。人生や研究や判決などは、一定程度、経験的な眼に見える出来事からなっている。私の人生は、私が経験するさまざまな出来事の集積である。研究は、人とその活動、その成果としての論文などからなっている。判決は、裁判官が宣告し、文書として記録される。しかしそれに対して、意味や価値や正しさは、そういうかたちではどこにも存在しない。それらは、ヴェーバーがいうように、存在するものに対してわれわれ人間が見いだした〈意味〉なのである。

社会学が対象とする社会的世界は、そうした〈意味〉によって構成されている意味世界なのだ。社会的世界に存在するものごとは、〈意味〉に支えられて存在する。たとえば、家族がそうだ。家族は、まず（多くの場合）それまで見ず知らずであった男と女とが「結婚」することから始まる。結婚は同居や同棲と同じではない。それは、当事者自身によっても、社会（＝世間）によっても、同居や同棲とは異なる特殊な意味をもった関係性だと了解されている。同居していなくても結婚していることはある。子供の出産や養育には生物学的な出来事が関わっていて、それらは、本来的には結婚や家族形成とは無関係に起こりうる。しかし、性関係や子供の出産・養育を結婚や家族という制度で枠づけ、規制し、支援しているのが社会的世界である。

このように「結婚」という制度によって意味づけられているのが家族である。もっとも、何が正式の結婚を構成するかは文化、時代、そして人によって異なる。法律上あるいは行政上の手続きや、教会での承認が不可欠だとは限らない。しかし、これまで知られているほとんどの社会において、結婚している男女とそうでない男女の区別が存在している。

さらに、子供が成長して親から離れて生活しだしたり、当の夫婦の関係が悪化して別居したりするようになると、「家族」は性関係や同居という経験的な基盤からの支えが弱まり、〈意味〉によってのみ支えられる度合いが高まっていく。別居している子供や「法律上」の配偶者が「家族」かどうかは、当事者たちの意味づけに依存する。「あの人は法律上は夫だけど、もう家族ではない」と考えることもある。誰が自分の家族であるかは、それぞれの人が意味づけているのである。意味づけられなければ家族は存在しない。

社会的世界はこのようなものである。社会も国家も会社も、そうした意味づけによってはじめて存在しうる。（個人レベルでの意味づけのしかたを『制度論の構図』〔盛山 1995〕では「一次理論」と名づけた。）社会学とはまずもって、こうした意味世界としての社会的世界を探究するものである。

注

（1）とくに日本には、このような形で社会学を解説する「テキスト」が非常に多い。金菱（2010）のほかにも、森下ほか（1989）、薬師院（1999）、好井（2006）などを挙げることができる。

（2）コントによる「社会学」の提唱は、その全六巻からなる厖大な『実証哲学講義』（1830-1842）の中でなされている。コントの思想については、清水幾太郎編『コント・スペンサー』（中公バックス『世界の名著』第四六巻、一九八〇年）に収録されている抄訳のほか、そこでの清水の解説および富永（2008）を参照されたい。

（3）個体としての社会すなわち society の概念は、英仏でもだいたい一九世紀になって確立された新しい概念である。そのことについては、市野川（2006）を参照。

第2章　社会はいかにして可能か

いかにして社会は可能かという問いは、いかにして人は他者を他者として認識するかという他者問題と似ている。社会的世界が意味世界だということは、「社会」が人々の了解から成り立っていることであり、「他者」の存在もその前提了解の一部を構成している。

ジンメルはこの問いに、心的相互作用や社会化の概念を用いて答えた。心的相互作用とは、人々の相互作用が了解や思念された意味のレベルで成り立っていることを意味している。ただ、そうすると、そこにはただバラバラな個人がいるだけではないかという疑問が生じる。ジンメル自身は、統一体や結合をアプリオリに想定しているが、まさに、この問い、つまり「共同性」の問題こそが社会学の中心的な問いをなしているのである。

1　他者問題——人はいかにして他者を他者として認識するか

他者は存在するか

社会とは、人々の意味世界において、言い換えれば了解によって成り立つ存在である。これは奇妙なことに思われるかもしれない。なぜなら、「了解によって」ということは、社会の存在が「客観的」なものではないことを意味するからである。社会が存在することは当たり前の事態であって、それがたんに「了解によって」のみ存在するというのは、あまりにも奇妙な話ではないか。

こうした感想を抱く人は少なくないだろう。正直なところ、私も最初からこの結論に至ったわけではなかった。「社会とは何か」というような問題をさまざまな角度から考えていって、だいたい二〇年ほどかけてたどり着いた結論である。現在では、これは潜在的には多くの社会学者によって支持されているといえるが、テキストなどで明示的に語られることはもちろん、その上で、社会学理論の全体を組み立てる試みはまだ現れていない。

社会的世界は意味世界からなっているという観点からする探究を、「意味世界論的社会学」と呼ぶことにしよう。本書は、意味世界論的社会学の立場から、「社会学とは何か」を明らかにしていくのである。

ところで、社会が了解によって成り立っていると考えると、これまで社会学で「謎」のように問われ続けてきたさまざまな難問を解決することができる。そうした問いの代表に、「他者問題」と「社会はいかにして可能か」という問いとがある。

「他者問題」と「社会はいかにして可能か」の問いとは密接に関連している。他者問題というのは、簡単に言えば、「人々はいかにして〈他者〉という、自分とは異なる〈人〉の存在を認識するのか」という問題である。複数の人々がいなければ「社会」は存在しないが、社会が存在するためにはそれだけでは足りない。複数の人々がいても、もし、そのすべての人々が「自分のほかには〈人〉は存在しない。自分のまわりに〈人〉であるかのように動いて声を発しているのは本当は〈人〉ではなく、〈人〉の形をしたお化けだ」と思っていたら、社会が成立するのは不可能だ。

じっさい、たとえばコロンブスのアメリカ大陸発見によってヨーロッパ世界が新世界と接触しはじめたときに、似たような問題が起こった。ヨーロッパ人にとって、新世界に住む人々がはたして「人間」なのかどうか、という問いがまじめに提起されたのである。幸いにして、ローマ教会は「人間である」という判断を下したのだけれども、個々のヨーロッパ人の多くが、「彼等は自分たちと対等な意味での人間ではない」とみなし続けたことも事実だ。

それはともかくとして、他者問題というのは、ある前提から出発すると、解決するのが難しくなるというより、不可能になってしまう。この隘路にはまってしまったのが、現象学の哲学者Ｅ・フッサール（一八五九〜一九三八）である。どういう前提かと言えば、それは「まずは、何事も余計な前提的知識をもたない純粋な主観から出発しよう」という前提である。つまり、「前提を置かない」という「前提」である。

フッサールの現象学というのは、「本当に真である知識はいかにして獲得できるか」という問題と格闘した学問だ。いうまでもなくこの問題は西洋の哲学史を貫く根本問題の一つであるが、いくつかの状況要因によってフッサールの時代に大きな関心がもたれたのである。その要因には、数学の問題状況、相対理論や量子論へと展開する前後の自然科学、ヴェーバーの『客観性』論文に代表される文化科学・社会科学の客観性問題、などがあるが、詳細は省こう。

フッサールはその問題に対して、「純粋直観」というものを基盤にしてアプローチしようとした。純粋直観というのは、まさに、余分な知識や前提で汚されていないまじりっけのない「純粋な認識作用」

のはたらきのことだ。個人の認識作用は、通常はさまざまな前提的な知識で成り立っている。たとえば、社会学で問題になるテーマに「偏見」や「ステレオタイプ」がある。「ユダヤ人はずるがしこい」などというのが、その例である。そうした偏見に囚われていると、当然のことながらユダヤ系の人や企業の行動や性格を誤解することになるだけでなく、世界に対して間違った政治的判断をすることになりかねない。こうした偏見のように、前提的な知識はしばしば間違っていて、正しい認識を妨げるのである。

フッサールは、科学的な認識に関しても、こうした偏見のようなものが正しい認識を妨げていると考えた。そこで、あらゆる偏見＝前提的知識を取り去ったときに可能となる認識のはたらきを「純粋直観」と呼んだのである。

認識や科学的探究について、この考え方が適切かどうかは大いに疑わしいが、ここでは「純粋直観」というような考え方をしてしまうと、むしろそれによって「他者問題」が絶対解けない難問になってしまうことを説明しよう。

純粋直観における「他者」

あらゆる前提的知識を捨て去ることを、フッサールは「判断停止（エポケー）」と呼ぶ。他者の認識についても、判断停止しなければならない。彼は次のように主張している。

こうしてまずわれわれは、人間と動物にいわゆる自我をもった生物という特殊な意味を与えるものを捨象し、さらには、それらの意味を自我主観としての他我に負い、したがって、他我を予想する現象世界のあらゆる規定を捨象する。こうしてわれわれは、文化をあらわすあらゆる述語を捨象する。いいかえればわれわれは、ここで問題になっている他我に属するものの特殊な意味を可能に

するものとしての、他我のいっさいの精神的なものを捨象する。（Husserl 1931 ＝ 1980：281）

ここで、「捨象する」と訳されているのは、「無視する」「ないものとみなす」「前提としない」ということだ。したがってフッサールは、「まず、世界に『他我』という、自分と同じように自我や精神をもった存在がいるという前提を捨てなさい」と言うのである。これが実際に可能かどうかは別として、もしもそうしたとしたらどうなるか。フッサールの主張を今日風に言えば、「まず、あなたの周りであたかも人のように振舞ったり話している存在を『ロボット』だとみなしなさい」ということになる（ロボットはチェコスロバキアの作家K・チェペックの戯曲『人造人間』〔1920〕に由来するので、フッサールが知っていたかどうか、分からないが）。

このように、相手に自我や精神があるという前提を置かない、あるいは、自我や精神があるかどうか分からないという前提を置くとする。このとき、次のような問いが生じる。

わたしの自我は、みずからの固有領域の内部において「他我経験」といわれる経験によって、まさしく他我を構成することはいかにして可能であるか。（Husserl 1931 ＝ 1980：280）

つまり、「そこに他者がいる」という前提は置かないけれども、ある存在がいることは経験する。その経験だけから出発して、どのようにしてそこにいる存在は自分と同じような人間であり他者であるかを知ることができるのか、という問題である。

これが「他者問題」あるいは「他我問題」と呼ばれるものである。この問題の特質は、「孤立した自我」にとっての問題だということである。純粋直観という考え方は、自我を世界の中で孤立させる。なぜなら、自我にとってすでに既知である（と前提されている）ものを捨て去ることは、自我が慣れ親しんでいる既知の世界を捨て去ることだからである。

フッサールの現象学が、仏教の禅の思想としばしば相通ずるものと受け止められることがあるのは、このためである。日本を代表する哲学者とされている西田幾多郎が、盛んに参禅して思索を深めていったということはよく知られている。西田は、座禅修行のような体験を通じて、フッサールの言う純粋直観の境地に達しようと考えたのだ。禅の思想とは、「無我」を通じて「悟りを開く」ことを目標としている。無我は、自我そのものも滅却するという点では純粋直観よりも過激な境地だといえるが、「自我のとらわれ」を滅却するという点ではフッサールの純粋直観と通じるところが大きいのである。

ロボット人間

さて、こうした孤立した自我から出発して、はたして「他者がいる」という認識は得られるのだろうか。注意しなければならないのは、この問いが一種の「思考実験」であって、架空の問いだということである。われわれは日常的にはフッサールの言うような純粋直観で世界を見ているわけではない。家族をはじめとするさまざまな他者に取り囲まれて生きており、そのことを知っている。純粋直観の境地に至ることは、率直に言ってまずありえない。できることは、ただ、「純粋直観の境地にいるかのように想定してみること」「判断停止ができているかのように想像してみること」でしかない。フッサールだって西田だって、実際にはそうした「想像」で考えているのである。

ちなみに、「自分のほかには、自分と同じような心をもった人間は存在しない、少なくともその根拠はない」と考える立場を「独我論」と呼ぶ。独我論とは、いわば「社会的なものの否定の極地」のようなものだ。むろん、フッサールや現象学が独我論を唱えているわけではない。意図としてはその逆で、いったん仮想的に独我論的な立場に身を置いたうえで、それをいかに克服するかの理論を打ち立てようとしているのである。

SFの世界には、外から見ただけでは完全に人間と識別のつかないロボット人間あるいはサイボーグのような存在が現れる。そうした存在が通常の人間ではないと分かるのは、それが自分で体内の機械を修理したり、死んで（壊れて）しまって、内蔵の機械が露出したりしたときだ。じつは、こうした設定のSFは、われわれが「人間の体の内部は機械ではない」という知識を抱いていることを前提にしているのである。つまり、「人間とはどういうものであるか」についての「前提的知識」を抱いているのである。そうした前提的知識がなければ、そもそも「ロボット人間」とか「サイボーグ」というようなアイディアに意味がなくなる。

ところがフッサールの判断停止は、そうした前提的知識をすべて捨て去ることを要求する。そうすると、たとえ体の内部が機械であることが分かったとしても、それによって、その存在が「人間ではない」という判断はできないことになる。

フッサールの純粋直観というのは、もともとそうした困難ないし不可能をかかえたものだ。しかし、フッサールはそうは考えない。次のように、純粋直観によっても他者の認識はできるというのである。

経験される他我の身体は、現実にはつねに、その身体のさまざまに変化しながらもたえず一致している振舞いを通してのみ、身体として確証されるが、そのさい、その振舞いは、心的なものを間接呈示的に指し示す物的側面をもっており、したがって、いまやその振舞いは、根源的経験において、心的なものを充実するものとして現れなければならない。このようにして他我の身体は、それの振舞いの局面から局面へのたえざる変化の中で、身体として確証されるわけである。もしも身体が、それの振舞いと一致しないときには、その身体は、身体という外観を持つにすぎないものとして、経験されるのである。(Husserl 1931 = 1980 : 303-304)

簡単に言えば、「振舞い」をみることで、それが心的なものをもった他我の身体であるという確証を得る、というのである。これは、ある意味で間違いではない。ただし、これは「純粋直観」という認識方法によってではなく、日常的な認識のしかたにすぎない。

もっとも、日常的な認識においても、われわれは他者が「心をもった存在であること」を直に知るわけではないし、そもそも「心」を見るわけでもない。他者が他者であることは単純に「そのように想定されている」のである。このような想定は、さまざまな前提的な知識の上に成り立っている。「他者」がいること、これこれの振舞いをする存在は自分と同じ人間であること、他者には心があること、等々である。

かりに、こうした前提的な知識がまったくないとしたら、ある振舞いをする存在をみて、それが「自分と同じ人間だ」という確証は絶対に導けないはずだ。なぜなら、それはロボット人間やサイボーグかもしれないし、人間の形をしたお化けや幽霊かもしれない。それに、そもそも「人間」「ロボット人間」

「サイボーグ」「お化け」「幽霊」というような概念やそれらについての前提的な知識がなければ、ある振舞いをする存在を目の前にしたときに、それが人間であるかどうかの問いさえも生じるはずがないものだ。

2　いかにして社会は可能か

前提的知識

社会的世界に限らず、われわれは世界をつねに一定の前提的知識のもとでみている。むろん、そうした前提的知識が正しいかどうかは分からないし、ずっと固定されて不変のものでもない。たとえば、かつての人々は「大地は動かない」という前提的知識で自然界をみていた。そのため、われわれの大地が地球というひとつの天体の表面にすぎないことが分かったあとでも、「地球は動かない」という前提的知識で宇宙を見ていた。彼らにとっては、大地ではなく、太陽や月や星たちの方が動くのだというのは、ごく当たり前の判断だったのである。

今日のわれわれは、その前提的知識が間違いであることを知っている。といっても、自分で本当に確かめたわけではない。ただ、太陽が地球の周りを回っているのではなく、地球が太陽の周りを回っているのだということを学校などで教わって、その説明に納得しているだけだともいえる。

前提的知識というのは、いわば「自明視された仮説」である。仮説であるから、間違っているかもしれないし正しいかもしれない。自明視されているというのは、通常はそれは正しいはずだと無意識のうちに前提されていること、正しいかどうかが問われないこと、である。フッサールは、こうした自明視された仮説は、正しい認識を妨げる夾雑物だと考えたけれども、それは違う。自明視された仮説がなければ、どんな認識も不可能なのだ。

さて、ここで話を他者から「社会」に移そう。他者の存在が自明視された仮説であるように、社会もまた自明視された仮説である。しかし、大きな違いもある。他者は仮説ではあるが、「正しい仮説」だといっていい。あなたの周囲にいる人々が、あなたと同じように心をもった人間であることは、まず間違いない。しかし、「社会」は他者ほどに確実ではない。他者は身体をもち、振舞いをみせてくれる。しかし、社会には身体はない。何を見たら、そこに社会があると判断できるのか。たんに多数の人々(＝他者)がいるというだけでは社会にはならない。人々の振舞いや行為を集めても社会にはならない。

会社の存在

社会は、なにか目に見えるものごとを集めたり観測したりして、その存在が確認できるようなものではない。社会の特殊ケースである会社にしてもそうだ。たしかに、「○○株式会社」というような存在は、その名前を掲げた建物があって、そこに行けば、机がずらっと並んで人が働いている(ようにみえたりする)。しかし、ほかに支店や工場があるかもしれないし、株主はそこにはいない。われわれが目にするのは、会社の活動を構成する人々の働きのごく一部にすぎない。会社というものの全体を見ることはまずないのである。

もっとも、ある建物に「○○株式会社」というプレートがかかって、その内部で人々がなにやら働いていたりすると、われわれは通常、そこに「○○株式会社」というものが存在すると思う。これも、さまざまな前提的知識がそうさせるのである。よく、詐欺事件の疑いのある架空請求をしてきた会社を、テレビのレポーターが尋ねていったところ、請求書に書いてあった住所が実在しなかったり、住所はあっても、会社らしいものは存在しないことがある。そうしたとき、その会社は「実在しない」と言ったりする。しかし、当該の住所が存在しなかったり、住所に会社らしいものがないからといって、ただちに詐欺行為を行っている会社が実在しないということにはならない。会社という正式の組織ではなくても、たいていはある意味で一つの会社と呼びうるような詐欺グループは存在していて、アパートを転々としながら架空の請求書をせっせと送っていたりしているのである。つまり、特定の建物や住所をもたなくても、会社は存在しうる。（もっとも、法律上は、すべての会社はその所在する特定の住所をもたなければならないことにはなっている。）

これとは逆に、フィクションではあるがコナン・ドイルの『赤毛連盟』（1891）のケースがある。（新潮文庫の『シャーロック・ホームズの冒険』（1953）には、「赤髪組合」として訳されている。）赤毛の人に特別に仕事をやってもらうための会社を設立したという話を信じたウィルスン氏は、毎日その「会社」に通ったのである。

これらの二つのケースは、会社の存在に関する当事者の理解が、実際の会社の存否とずれる場合である。この記述においては、当事者の理解を超えたレベルでの「会社」の概念がある。それは「ある統一的な活動を行っている組織」というほどの意味である。「組織」という概念も説明を要するものであるが、とりあえずはわれわれはそうした何か統一的なものを想定して「会社」と呼ぶのである。

一時期、「会社は誰のものか」というテーマをめぐっての議論が盛んであった。「株主のものだ」いや「従業員のものだ」、いやそうではなくて「社会のものだ」とさまざまな主張が展開されたが、別に正解があるはずのものではない。法律的には株主のものであることは明確だけれども、「誰のものか」という問いはかならずしも法律上の権利関係を問題にしているのではなく、法律の規定を超えて、「会社はいかなる規範的な行動原理で活動すべきか」を問題にしていたのである。

この問いにどう答えるかにかかわらず、この問いに答えようとした人々には、ある共通前提がある。それは、何らかの形で「会社」というものが存在するということである。しかし、その一方で、それが誰のものかについての意見が分かれたということは、「会社」とはどういう存在であるかについての理解は必ずしも一致していないということである。ある人は、株主だけからなると考え、他の人は、いやそうではないと考える。

さらに重要なことは、「会社とはどういうものか」についての意見はさまざまに異なっているにもかかわらず、多くの場合、それぞれの会社は実在して、具体的な諸活動を営んでおり、そのことについて人々はほぼ共通の了解を抱いているということである。たとえば、ＪＡＬの実質的な経営破綻によって、法的整理か、政府支援か、再生かなどが連日議論され、とりあえず、日本再生機構のもとでの再建へと移行したときでも、それなりにＪＡＬの飛行機は運行し、人々はＪＡＬを利用していた。ある意味ではＪＡＬの存立形態はドラスティックに変わったのだけれども、他の面ではあいかわらず同じように活動を続けていた。退職する従業員や停止される路線は生じるけれども、ＪＡＬという会社が存続しているということについて、人々は疑っていない。

むろん経営破綻にさらされた会社のすべてが存続するわけではない。一九九八年には、北海道拓殖銀行や山一証券という巨大な金融機関が破綻し、結局、消滅した。会社が存続するとはどういうことか。そもそも、ある会社が存在するとは、いったいどういうことをいうのだろうか。

株式会社は、根底的には商法の規定で支えられており、「法人」という法的な形態をとっているから、この問いに法律的に答えることは難しくない。しかし、「法人」という形をとらないさまざまな団体が存在して、さまざまな活動を行っている。人をだますために架空に作られた会社がそうであるのはもちろんだが、ふつうに社会的に有意義な活動を行っている団体で「法人」でないものも無数にある。たとえば、大学の教師や研究者たちでつくる「学会」の多くがそうであり、ほかにさまざまな社会運動団体やサークルがそうである。ベンチャー企業として後に正式の会社になる場合でも、はじめは二、三人で会社登記をしないままに、事業を行っていたりするのである。

会社や団体も、小さいけれど一つの社会である。社会が存在するとはどういうことか。

社会のありそうもなさ

社会とは何かという問題に真正面から取り組んだ社会学者の代表に、ヴェーバーやデュルケムとほぼ同時期に社会学と哲学の両方にわたって旺盛な著作を残したG・ジンメル（一八五八～一九一八）がいる。ジンメルはその『社会学』（1908）の第1章で、社会学の概念規定を論じながら、その学問的独自性が「いかにして社会は可能か」という問題への探求にあると論じている。

社会というものの存在を当たり前だと考えると、これはやや奇妙な問いだ。社会というものはわれわれのまわりにすでに存在している。それをなぜわざわざ「いかにして可能か」と問う必要があるのか。しかし、すでに述べたように、社会という存在はほんとうは漠然としたものだ。しかもそれは直接に観測できるものでもないし、観測されたことから単純明快に導き出せるものでもない。社会とは何か、それはどのようにして成立しているのか、それが成立していることはどのようにして根拠づけられるのか、そうしたもろもろの問いが、「いかにして社会は可能か」という問いに凝縮されているのである。

ある意味で、「いかにして社会は可能か」の問いは、「社会のありそうもなさ」を仮の前提とすることによって成立する。社会の存在が当たり前のところでは、このような問いは発せられない。日常的には、われわれは社会の存在を自明の仮説として信じているのだが、いざ、はたして社会は存在するかと問われると簡単には答えることができない。つまり、まじめに考えはじめると、ほんとうに社会があるのかどうかが分からなくなってしまうのである。

「社会のありそうもなさ」というのは、個人の主観のレベルでも感じられることがあるだろう。まわりにいる他人といっさい親密な関係性を感じることができず、世界の中にまったくの孤立した個人として存在している感覚の時、自分にとって社会は存在しないに等しいように思われるだろう。あるいは、カミュの『異邦人』(1942)の主人公のように、世界のリアリティや秩序感がかげろうのようにぼんやりと揺らいでしまうこともあるかもしれない。

しかし、そうした「社会のありそうもなさ」というのは、いわば「感覚」の問題であって、「理論」の問題ではない。「いかにして社会は可能か」の問いが投げかけているのは、理論上の問題なのである。

心的相互作用

理論的に、社会のありそうもなさが生じるのは、たんなる個人の集合だけでは社会だとは言えないからである。たとえば、「二〇〇一年一月に生まれた人々」という集合を考えても、その集合が社会になるわけではない。

ここで、まず誰もが考えるのが、「相互行為」「相互関係」あるいは「相互作用」「コミュニケーション」というものである。たとえばヴェーバーは、社会学とは「社会的行為を解明しつつ理解」するものだと述べている（Weber 1921 = 1968 : 8）。ここで「社会的行為」という概念は、たんなる行為ではなく、「行為者または諸行為者によって思念された意味にしたがって他人の態度に関係せしめられ、かつその経過においてこれに方向づけられている行為のことをいう」（Weber 1921 = 1968 : 8-9）。簡単に言えば、「他人との関係性を有する行為」のことである。

お互いが相手に向けて社会的行為を行うことが「相互作用」である。では、相互作用があれば、そこに社会があるといえるか。ジンメルはそうではないと考える。彼は、社会を構成するのはたんなる相互作用ではなくて、「心的相互作用」だという。

> 社会概念をそのごく普通の意味でとらえれば、それは個人間の心的相互作用ということになる。このように定義したからと言って、ある種の限界現象がただちにこれに結びつくというふうに誤解してはならない。つまり、二人の人間がちょっとだけ目をかわすとか、出札口で押しあうというだけでは、まだ社会化しているとはいえないであろう。（Simmel 1917 = 1966 : 22）

「社会化（vergesellschaftung）」というのは、ジンメル独特の概念で、「社会に向けられていること」というような意味だ。この「社会化」の概念は、次の二つの「社会化」とは意味が異なることに注意しなければならない。一つは、アメリカ社会学で「子供が、生まれ落ちた社会の文化や生活様式を学習し身につけていくプロセス」という意味での「社会化」であり、もう一つは、経済的生産のしくみや社会保障制度などが、民間企業によってではなく国家あるいはそれに準じた組織によって運営されるようになるという意味での「社会化」である。後者の反対語が「民営化（privatization）」である。

相互作用というだけなら、街頭ですれ違う人と「ちょっとだけ目をかわす」というのも相互作用だ。それは、たんにショウウィンドウの中を見たり、信号を見たりするのとは異なって、明らかに相手を他者として、しばしばとくに「異性」として、意識している。しかしそのレベルでの相互作用はまだ社会を構成する要素たりえないとジンメルは考える。

「心的」というのは、それ自体としては「物的な相互作用」と区別するためのものだ。つまり、たんに体がぶつかったり、物音にびっくりして声をあげたら相手もびっくりした、というようなものではない、ということである。「心的」という言葉で、ジンメルは相互作用に関わる当事者に一定の「心的な態度」が備わっていることをいおうとしている。ただし、ジンメルは必ずしも「心的」であることの中身を述べてはいない。どのように「心的」であることが、彼のいう「社会化」の条件をみたすのか。ただ、これが、ヴェーバーのいう「思念された意味」に対応することは間違いない。

思念された意味

「心的」とか「思念された意味」というのは、社会的なものが人々の心理、思念、理解、意味などに関わっていることを表している。社会の存在にとって、こうした「人々の思念のありかた」が本質的だというのは、ヴェーバーとジンメルに共通する認識であった。

行為や相互作用が「社会的」である上で、そこにおける「思念された意味」が重要だということは、「社会的なもの」そのものが「思念された意味」によって構築されたものであることを意味している。たとえば、ヴェーバーは、「雨が降り出したので、道路上の多くの人々がいっせいに傘を広げた」というような「多数者の類似した行為」は、「一人の行為は他人の行為に方向づけられている」わけではないので、「社会的行為」ではないと言っている（Weber 1921 = 1968 : 36）。つまり、多数の人が同じような行為を行ったからといって、そこに社会的なものがあるわけではない。しかし、ヴェーバーが言っているわけではないが、もしもある路上パフォーマンスの集団が路上演劇の中で一斉に傘を広げたとしたら、その行為は明らかに「社会的」であろう。

外見上は同一の行為が、その行為の「思念された意味」のいかんによって、社会的になったりならなかったりする。これが、「社会的」であることの重要な性質である。

このように考えると、次の二つの問題が生じる。

第一は、「思念された意味」というものは、どこにどのように存在するのか、という問題である。それは、だれか個人の中に存在するのか、そうだとしたらその個人とは行為を行う当事者か、それともそれが向けられている相手か、あるいはそれを見ている人か、さらにはこうしたことを考察している社会学者か、というようなさまざまな可能性がある。そのうえ、個々の行為者や他の個人ではなく、個人を超えて、なにか「社会」の中に存在する、というような考え方もありうる。

第二は、もしも個々の行為者の中にあるのだとしたら、その「思念された意味」はバラバラで異なったものになってしまうのではないか、もしもバラバラであるとしたら、そうしたバラバラなものが「社会的」であるということはありうることなのだろうか、という問題である。

まず、第一の問題について考えよう。ヴェーバー自身は、「思念された意味」が個人のものであることは前提にしているのだが、どの個人のものかについて何も述べていない。この点が、のちにシュッツによって批判された「行為の主観的意味と客観的意味」の問題に関わっている。それについては後に第

8章で触れることにして、ここで確認しておきたいことは、「意味」を抱くことのできる主体はあくまで「個人」であって、けっして個人を超えた「社会」や「集団」ではありえないということである。その理由は、ある意味で、社会学という学問の根本的前提に関わっている。そもそも「社会」や「社会的なもの」はいかにして成立しているかという問いは、あらかじめ「社会」や「社会的なもの」が存在していると想定するのではないところから立てられる。それらは、社会学の学問的探究の中で説明されるべきことがらであって、前提におくべきものではないのである。

むろん、あらかじめ「社会」や「社会的なもの」が個人を超えて存在する、という前提から出発するような理論の立て方も考えられないことではない。「神」の存在を前提にする知識は無数にある。神でなくても、「共同体」や「民族」という「社会的なもの」を前提とする考えも少なくない。しかし、社会学という学問は、そうした個人を超えた存在を前提にはしないというところから出発する。たぶん、この社会学観に反対する社会学者も皆無ではないが、少なくとも本書ではそのように考える。

バラバラな個人？

次に、第二の問題は次のようなことだ。もしも行為が「社会的」であるとしたら、そこにはその行為が向けられた相手がいるし、見ている人々がいる。そうした人々もまたそれぞれのしかたでその行為についての「思念された意味」を抱く。たとえば、個人Aが傘を広げたとする。それを見た個人Bは、「雨が降ってきたのだな」と思うかもしれないし、「どんなパフォーマンスをするのだろう」と思うかもしれない。さらに、この二人を見ていた第三の個人Cがいて、Cは、「Aはたんに雨が降ってきたかと思ったので傘を広げたのだけれど、それを見たBはAが何か路上パフォーマンスを演じるかと思った」と理解するかもしれない。これも、Cにとっての「思念された意味」である。

意味を抱く主体が個人だとすると、ある特定の一つの行為が、個人々々で「異なって意味づけられる」ということが起こる。これは避けられない。じつはこのことは日常生活で誰でもが体験し知っていることである。たとえば、誰かが交渉相手に「トラスト・ミー」といった場合、それは言った人にとってはたんに「あなたの希望通りに決めるとは限らないけれども、誠実に対応するつもりだ」という意味であったかもしれないが、相手の方は「あなたの希望通りに決着するようにするので、信頼してほしい」と受けとったかもしれないのである。言葉以外でも、政府の要人がある場所を参拝するという行為は、「侵略戦争を美化する」という意味をもつかどうかで論争が起こる。

日常生活においても、それぞれの人のそれぞれの行為は、人々によって異なって意味づけられている。少なくとも、完全に同一ということはありえない。かりに、同一だとしても、同一であることを一〇〇パーセント確かめることはできない。そのように原則的にバラバラに意味づけられたものから、どのようにして「社会」や「社会的なもの」が作り出されるのか。これが第二の問題であった。

ジンメルの「いかにして社会は可能か」という問いは、根本的にこの問題である。それは次のように述べられている。

ここで問題となるのは、ある主体が他の主体と出会うことによって、その主体を相互作用――その様式を社会学は記述する――へと動かす個々の衝動ではない。そうではなく問題は、そのような主体が存在するとすれば、この主体の社会存在であるという意識の前提はいかなるものかということである。……そのような衝動を賦与された個人に社会一般を成立させる基礎となる内的および原理的な諸条件はいかなるものか。（Simmel 1908 = 1994：37）

「衝動」という言葉は、ここできわめて一般的に、個人が何らかの行為をとる際、個人にその行為を生じさせるような「純粋に個人的な動因」をさしている。ジンメルは、そうした純粋に個人的なものとは異なる「社会的なもの」、言い換えれば、個人の行為がたんに孤立してそれ自体として完結するのではなく、社会を成立させる社会的行為となりうるのはどのような条件によってか、と問うているのである。

しかしジンメルは気づいていないが、ここには、重要な問題が存在する。それは、ジンメルは「社会存在」であるとか「社会一般を成立させる」などと記述しているが、それでは、個人が社会存在であるとか、社会一般が成立するとかということは、いったいどのようなことだと考えればいいのか、という問題である。ジンメルはあたかも「社会が成立する」とはどういうことであるかが、われわれ研究者には分かっているという前提で書いている。少なくとも、そのように読める書き方をしている。しかしこの前提は明らかに正しくない。

むしろこう考えた方がいい。日常生活者としてのわれわれは、「社会」とはいかなるものかが分かっている（と思っている）。しかし、社会学にとってはまさに「社会とは何か」が問題なのだから、「社会とはいかなるものか」を前提にするわけにはいかない。

したがって、ジンメルの問いは、ほんとうは次のようなものでなければならないのである。すなわち、

「いかなる社会がいかにして可能か」と。

この違いはきわめて大きい。ジンメルの問い方は、「社会」なるものがすでに分かっているという前提のもとで、その「社会」がどのようにして成立しうるかという問いである。そのスタンスは、何が「逸脱」であるかがすでに決まっていて、その前提のもとで「逸脱はどのようにして発生するか」と問うた、レイベリング論以前の逸脱研究のそれに似ている。しかし、社会学にとっては「逸脱とは何か」が問われなければならないように、「社会とは何か」もまた問われなければならないのである。

共同性の問題

じつをいえば、ジンメルにとっても「社会とは何か」そのものが問いであった。ジンメルは、「社会があること」を表現するのに、『社会学』の中でさまざまな言葉を用いている。「統一体」「人間が他者と集合し、たがいに助けあい、たがいに共存し、たがいに対立しあって行為し、また境遇を他者と相互関係に置くようになる」(Simmel 1908 = 1994 : 15)。「相互の影響の関係」「社会化」「『社会』とよばれる構成体」「結合」「各人は他者を自分と結びついているものとして知る」(Simmel 1908 = 1994 : 41)、等々である。

こうしたさまざまな表現の試みは、「社会があること」を的確に言い表すことの難しさを表している。「統一」とか「結合」とか「共存」というような言葉は、あまりにも曖昧なものである。具体的にどういう社会の状態が存在していればそれらの言葉にあてはまることになるのか、それほど明確ではない。「統一」である状態と、そうでない状態とを区別しうるような経験的な指標は与えられていないのである。

当然、そのことにジンメルも気づいていただろう。「社会」はある。しかしそれがどのようなものかを的確に言葉で表すことが難しい。そのもどかしさが、ジンメルの行間には現れている。

私は、社会学の基本的なテーマとは、結局、「社会」とは何か、そしてその社会はいかにして可能か、を探究することだと考えている。もう少し詳しくいえば、これは「社会の共同性」の問題だということができる。

われわれが「社会がある」というのは、そこに何らかの人々の共同的なシステムが成立していると考えているときである。もっとも「共同的なシステム」といっても、それは「社会」という言葉を言い換えただけにすぎない。ただ、探究の戦略上は、そういう概念を考えることにメリットがある。というのは、「社会」というのはあまりにも日常用語として使われすぎていて、日常的な思いこみや自明視が、社会学の学問的探究にとってはじゃまになるからである。フッサールにならっていえば、社会学はいったん日常的な世界観を括弧にくくる必要がある。

共同性が社会学の探究テーマだということは、けっして新奇な主張ではない。これまでの社会学の伝統の中に、いくらでもそのテーマの探究を見いだすことができる。コントの社会学は、フランス革命のあとの混乱を乗り越えて、「秩序の再組織化」をめざして構想されたが、その「秩序の再組織化」とは要するに「社会の新しい共同性の確立」であったということができる。また、デュルケムが「連帯」や「アノミー」の概念をもちいて社会を分析したとき、そこにあった問題関心は、共同性が成立するメカニズムや共同性を解体させる要因の解明であった。さらに、F・テニエス（一八五五～一九三六）が「ゲマインシャフトとゲゼルシャフト」を区分しながらも、両者がそれぞれ「結合」の異なるタイプだと主張したのは（Tönnies 1887）、まさに近代以前と近代以降で異なる「共同性」のありかたが存在するという発見を意味していたのである。

ごく一般的にいえば、「共同性」とは、人々のあいだでなんらかの「ともに生き、助け合い、支え合う」しくみが成立しているという状態やその性質を表そうとする言葉である。むろん、その中身ははっきりしていない。ただこれまで結合、連帯、統一、等々さまざまな言葉を用いて言い表そうとされてきた社会学上の思念は、「共同性」という言葉で代表させることができることに間違いはない。

次のように言うことができるだろう。「共同性」が何であるかは、必ずしも社会学において前もって分かっていることではない。それはむしろ社会学にとって探究課題なのであり、社会学とは第一義的に、社会における共同性の学として理解することができるのだと。

第3章　秩序問題という問い

秩序問題は、ホッブズ以来、近代社会思想の中核的な問題であった。合理的な諸個人によって社会が構成されているという想定から出発すると、万人の万人に対する戦いに帰着せざるをえないという問題である。

パーソンズは、この問題を社会学の主テーマとして明示化したうえで、一九世紀社会思想の主潮であった功利主義は「目的のランダム性」を克服できていないと批判した。そして、それを乗り越える社会学理論を模索し、実証主義と観念論との伝統的な対立を弁証法的に解決するものとして、主意主義的理論を唱えたが、具体的な展開には至っていない。

1　共同性とは

さまざまな共同性

さまざまな共同性が存在しうる。お互いが信頼感で結ばれた仲のいい家族の共同性もあれば、いつ離婚してもおかしくないような家族の共同性もある。

共同性がすべて親密な家族のそれだと考えたら、それは大きな間違いだ。じつはこの間違いが社会学を混乱させてきた。というのも、共同性については暗黙のうちにしばしば次のような間違った前提が立てられてきたのである。

① 共同性というのは、つねに人々の親密な関係性から成り立っている。
② 共同性というのは、つねに良いものだ。
③ なんらかの共同的な関係性には、つねに良い共同性が備わっている。
④ 現実に存在する共同性は、規範的な観点から見て、良いものだ。
⑤ 共同性は、人々がお互いを十分に理解し合っていることから成り立っている。
⑥ 共同性は、人々が同質的で同じ考え、同じ価値観を抱くことから成り立っている。

等々。

こうした前提を立てることは、「社会」とは何かについての探究に一定の拘束をかけることになる。それは社会学的探究にとってまったくプラスにならない。にもかかわらず、多くの社会学者はそうした前提を置いている。

たとえばジンメルは、実際には上のような前提を置かないで考察を進めていった人だが、それでもなお、「社会の統一への総合」という言い方をして（Simmel 1908 = 1994 : 38）、次のように述べている。

社会的な結合は、むしろ「事物」——このばあいこれは個々人の心であるが——のなかで実際には直接に実現されている……。社会は客観的な統一体、それに含まれない観察者を必要とはしない統一体なのである。（Simmel 1908 = 1994 : 39）

この文章は、「いかにして社会は可能か」の問いを哲学者カントの「いかにして認識は可能か」の問いと比較しながら、その違いを述べたものだ。カントは、自然科学の成立に哲学的根拠を与えようとしたのだが、この文章で、ジンメルが言いたかったのは次のことだ。カントの場合、認識が成立するのは、認識の対象である「事物」の側ではなくて認識の主体である「観察者」の側においてである。それに対して、社会の場合には社会が成立するのは社会を構成する人々（それが「事物」に対応する）の側においてであり、その成立には「観察者」は関与しないというのである。

この主張は基本的に正しい。ここでジンメルは、自然科学と社会学との根本的な違いを踏まえながら書いている。すなわち、自然科学の対象である自然的世界と違って、社会的世界では、その「秩序」――どんな意味であれ――は、そこに「生活する人々の心」つまり「意識作用」や「認識作用」を通じて構成される、ということである。ジンメルが「社会は客観的な統一体」だという書き方をしているのは、社会――それがなんであれ――というものは、観察者の認識からは独立に存在しているという意味で「客観的」な存在だということを強調したかったからである。

しかし問題は、ジンメルがここで「統一体」というような言葉を使っていることである。「統一体」といえば、なにか「よく秩序づけられた全体」というような意味をもってしまう。社会がそうした統一体だということは経験的にもけっして正しくないし、規範的な含意においてもミスリーディングである。

制度の共有としての共同性

共同性をなにか「よく秩序づけられた関係性」のようなものだと前提してしまうと、現実に存在する共同性に潜んでいる問題を発見したり、欠陥のある共同性を考察の俎上にのせたりすることが困難になる。共同性の概念は、そうした暗黙の「規範的な正当化」を避けて、もっと中立的に組み立てられなければならない。

共同性のいちばんの根底にあるのは、ジンメルが「心」という言葉で表現しているように、人々の「意識」における共同性にある。たとえば、「互いに信頼感で結ばれた家族」というものの根底にあるのは、「お互いの信頼感」であり、それはある種の意識のありかたなのだ。その中身は「相手の人は、自分に対して誠実に尽くしてくれると期待できるし、相手もまた自分に対してそう考えている」という了解である。これは、共同性のレベルとしてはきわめて高い。

そこまで高くなくても、いまにも離婚しそうな家族にも一定の共同性がある。それは、「自分たちは、少なくとも形式的にはまだ同一の家族を構成している」という認識である。この認識がお互いに共有されていることが、家族を家族として繋ぎとめている。

共同性にはさまざまなレベルやタイプがありうるが、共通しているのは人々のあいだでの「制度の共有」だといっていい。人々が何らかの共通の制度のもとにあるとき、一定の共同性が成立している。ギデンズが「社会」を定義しようとして「諸制度の集合」という言葉を使っているのも、このことを言おうとしていたのだと見ることができる。

「制度」とは何かもまた、やっかいな問いである。それについても詳しい検討が必要だが、ここではまず「制度知識」という言葉を使って理解しておこう。制度は人々が制度知識をもち、それに沿って行為することから成り立っている。（「制度」とは何かという問題については、盛山和夫『制度論の構図』〔1995〕を参照されたい。）たとえば、今にも離婚しそうな家族であっても、「家族」「婚姻」「夫婦」というような概念についてほぼ共通の理解があり、自分たちが依然として「夫婦」だという認識をもち、「夫婦」には一定の規範的な関係性が期待されている――たとえ、現実には満たされていなくても――ことを知っている。そうした共通了解のまったくない男女は、かりに一夜をともにしたり一緒に食事をしたりしても、「家族」を構成することはない。このような意味で、制度はモノのように経験的に存在するのではなく、人々の了解の中に「理念的実在」として存在するのである。

もっとも代表的な制度に「言語」がある。同一の言語を話す人々の形成する共同性は、共同性としてもっとも重要で基礎的なものである。同一の言語を使っているということは、多くの場合、言語によって媒介されている制度や文化の共有を意味する。言語それ自体も制度であるが、言語はさまざまな制度知識を表現し、伝達し、共用する手段である。このため、人々のあいだでの「社会」という概念は、しばしば「同一の言語を使用する人々の集団」として表象される。

言語もまた、制度知識からなりたっている。たとえば、片言であれ英語が話せるということは、一定の英語の知識があるということである。知識は習得することによって身につく。英語環境で生まれ育った人は、必ずしも意識的な努力をしなくても一定の英語を話すことができるが、そうでない人は努力して習得せざるをえない。そのうちに、自転車やスキーと同じように、わざわざ意識しなくても使いこなせるようになるかもしれない。その際には、そこに「知識」が背後にあることを意識することもないだろう。しかし、外国語として学ぶ場合は、最初は知識から入ることが多い。

制度の共有としての共同性は、必ずしも「統一体としての社会」というようなものを前提しなくてもいい。たとえば、コンビニで買い物をするお客と店員とのあいだに「統一体としての社会」が存在するわけではない。かれらのあいだに「自分たちは同一のあるコンビニ店社会を構成している」というような共同意識があるわけではない。にもかかわらず、そこには一定の共同性が存在する。それは、同一の貨幣制度、経済制度、社会慣習に従っていることからくる共同性である。逆に、万引きや強盗は、そうした共同性の綻びの表れである。

ここから分かるように、たとえ自己利益だけを追求し、自分たちが同一の社会を構成するというような意識を何一つもたないような人々からなる経済現象であっても、ほとんどの場合、一定の共同性が成立している。かつて、デュルケムが「契約外の契約」という言葉で表現しようとしたこと、あるいはジンメルが『貨幣の哲学』で強調しようとしたことは、近代的な経済取引の発展が、そうした共同性に支えられていること、そしてまた、新たな共同性の形成に寄与してもいることであった。

2　秩序問題

ホッブズの合理的個人

「いかにして社会は可能か」という問いを明示的に提起したのはジンメルであったが、それとよく似た問いに、「いかにして秩序は可能か」という問いがある。こちらの方は「秩序問題」と呼ばれており、ある時期、一世を風靡した理論社会学の泰斗T・パーソンズが初期の著作『社会的行為の構造』(1937) で提起したものである。

秩序問題は「ホッブズ問題」とも呼ばれる。それは、一七世紀の中頃、ピューリタン革命でゆれていた時代のイギリスの思想家T・ホッブズ（一五八八～一六七九）が『リヴァイアサン』(1651) で論じた問題を継承しているからである。ホッブズの生きた時代は、ガリレオ（一五六四～一六四二）やデカルト（一五九六～一六五〇）と重なっている。ルネサンスや宗教改革をへて、ヨーロッパの思想がしだいにキリスト教やカトリック教会の宗教的な権威から独立して打ち立てられはじめていった時代である。ホッブズはとくに社会思想において、キリスト教からの独立をめざした思想家だといえる。

ホッブズにとっての課題は、「キリスト教の宗教的な権威に頼ることなしに、秩序ある社会を形成することはいかにして可能か」という問題であった。キリスト教の権威に頼らないということは、神や聖書の権威に頼らないということである。すなわち、「神がこう言ったから」とか「聖書にこう書いてある」というような根拠で、社会の秩序を正当化することができないということを意味する。

これはきわめて革命的な問題設定だったといえる。ホッブズと同じ時代、絶対王政を支えた思想に「王権神授説」というものがあった。つまり、イングランド（当時はまだスコットランドは別の国だった）やフランスの王の権力は、神から授けられたものだという思想である。じつは、これ自体がすでにカトリック教会の権威からの独立を意味していた。なぜなら、中世ヨーロッパの政治体制では、世俗の国王の政治権力はローマにあるカトリック教会すなわちローマ教皇の承認と授権によって正当化されていたからである。

ホッブズは国王の権力そのものに反対したわけではない。ただ、それを正当化する理由として神の権威を持ち出してくるという理論構成のしかたに反対したのである。

神を出発点としないで、どのように社会の秩序を導き出すか。あるいは、どのような理論的な根拠によってどのような社会秩序を正当化するか。これがホッブズが答えようとした課題であった。

合理的個人

ホッブズが出発点においたのは「個人の合理性」という前提である。同時代のデカルトに有名な「我思う、ゆえに我在り」という言葉があるが、個人の合理的な思考能力から出発して、世界についての正しい知識を打ち立てようとする試みが、この時代の革新的な思想家たちに共通している。そこにはまた、理論の組み立て方が「機械論的」だという傾向もあった。機械論的というのは、いわば「科学的」あるいは「論理的」ということである。ホッブズの一世代前、エリザベス朝時代の有名な思想家F・ベーコン（一五六一〜一六二二）が『新オルガノン』（1620）という著作で展開した知識論がそれを代表している。

さて、個人の合理性を出発点において、社会の秩序がうまくスムーズに導き出せるかというと、そうはいかない。というのも、ホッブズは、個人とは基本的に利己的で自分の利害に従って考えたり行動したりするものだと想定したのである。本当をいえば、「合理的個人」という考えは必ずしも「利己的な個人」を意味するものではないが、とにかく、ホッブズは個人というものは本来的に利己的なものだと想定してしまった。合理的な個人は、自分の利害をなんとしてでも追求しようとする。そのような個人からなる社会にどのような秩序が可能か。

ホッブズは、こうした個人からなる社会は、結局のところ「万人の万人に対する戦い」に帰着せざるをえないと考えた。この言葉も有名だが、ホッブズはこれを「パワーをめぐる戦い」だと考えている。

パワーというのは、自分の利益を達成する力のことであり、利害の追求に熱心な諸個人は、それを可能にするパワーの追求にかりたてられる。通常の利害の中には、「他人と協調して一緒に達成できる」というたぐいのものもあるが、パワーはそうはいかない。パワーは、自分が上位にいけば必然的に他人は下位にいかざるをえないという、いわばゼロサム的なものである。それゆえ、合理的な諸個人はパワーをめぐる戦いに邁進せざるをえない。それが「万人の万人に対する戦い」である。

よく知られているように、ホッブズはこの悲惨な帰結を回避する方策として「リヴァイアサン」という絶対権力の確立を考えた。人々は、自分たちが合理的な個人として固有にもっているはずの「主権」を、共同の権力主体に譲り渡すという取り決めを結ぶ。それが「契約」であり、そうした契約を結ぶ方が、万人の万人に対する戦いよりもすべての人の利害にかない、最終的に合理的である。こうして譲り渡された主権からなる強力な権力主体がリヴァイアサンである。

近代の社会思想は、ある意味で、このホッブズの理論をどうやって乗り越えるかという試みの歴史だといえる。ホッブズの理論はきわめて衝撃的であった。合理的な個人の想定、そしてその想定から出発するという理論的な方法は、否定しがたくもっともらしく思えた。しかし、リヴァイアサンという結論は受け入れがたかった。そんな絶対権力にすべてをゆだねるなどということは、もともとの出発点である個人主義に明らかに反していたのである。

Ｔ・パーソンズ

ここでは、ロック、ヒューム、アダム・スミス、ルソー、カント、ベンサム、ヘーゲル、ミル、等々と続く社会思想の展開は省略し、一挙に、社会学者Ｔ・パーソンズ（一九〇二〜一九七九）の理論に飛ぶことにしよう。

パーソンズの『社会的行為の構造』(1937) は「スペンサーは死んだ」という文章から始まっている。スペンサー(一八二〇〜一九〇三)というのは、自由放任主義や社会進化論で知られる一九世紀イギリスの思想家であり、コントと並ぶ社会学の創始者の一人である。スペンサーが実際に亡くなったのは二〇世紀に入った一九〇三年で、パーソンズが生まれた翌年である。それはともかく、パーソンズが言いたかったのはむろん「スペンサーの思想はもはや過去のものになった、あるいは過去のものにならなければならない」ということである。

ここで少し脇道にそれる話をすると、じつはアメリカの社会学はもともとスペンサーの思想を核にして発展してきた。とくにアメリカ社会学会の初代会長を務めたL・ウォード(一八四一〜一九一三)や『フォークウェイズ』(1906) で有名なW・サムナー(一八四九〜一九一〇)は、スペンサー理論を積極的に取り入れて、スペンサーほど極端ではなかったけれども、個人の自由と社会の進化とを重視した社会学を展開した。スペンサー理論は、二〇世紀初頭のアメリカ社会学のもっともオーソドックスな学説だったのである。

スペンサーの思想は、明治初期の日本にも盛んに輸入されて大きな影響力をもったけれども、今日、その著作の日本語訳はきわめて乏しい。中公バックスの清水幾太郎責任編集『コント・スペンサー』(1980) に収録されている論文は、必ずしもスペンサーの思想の中核部分を示しているとはいえない。現時点でもっともいい参考文献は、富永 (2008) だろう。

パーソンズはそのアメリカ社会学の知的伝統に反旗を翻したのであった。もっとも、時代そのものがすでに大きく変化していた。自由と競争に支えられて荒々しく発展してきたアメリカ社会は、一九二九年の株式市場の崩壊をきっかけとしていわゆる「大恐慌」に陥ってしまった。一九三三年からはルーズベルト政権によるニューディール政策が始まり、社会思想の上でももはやスペンサー的なレッセフェールは過去のものになっていたのである。一九三七年に「スペンサーは死んだ」と言っても、誰も驚かず、そういえばそうだねという状況であった。

パーソンズの著作は時代の変化に呼応する社会理論上の問題関心のシフトにうまく適合する形で現れて、社会学という新興の学問分野を超えた広い分野の人々に読まれた。それは「いかにして社会は可能か」という問いに対して、それまでのスペンサー的な理論とは異なる新しい答えを提示する試みとして、大きな関心をもたれたのだった。

功利主義批判

パーソンズは、スペンサー的な社会理論を「功利主義」と呼んで批判した。功利主義では秩序問題は解決できないというのである。正確に言うと、功利主義とスペンサー理論とは同じものではない。むしろ大きく対立する部分の方が大きい。このあたり、パーソンズの理解はかなり粗雑である。しかし、そこには目をつむっていえば、パーソンズが「功利主義」という言葉で、ホッブズが想定したような「合理的個人」というものだけからなる社会が望ましい社会秩序を形成できると考える理論をまとめて言い表したのは、いい着眼点だった。

ホッブズの場合、合理的な個人という前提だけだと、万人の万人に対する戦いか、もしくはリヴァイアサンにしか帰着しないことになるのだが、スペンサーを含めた（パーソンズの意味での）「功利主義」では逆に、望ましい社会秩序が導かれる。この違いはどこから生じたかといえば、一七七六年のアダム・スミスの『国富論』をきっかけとする経済学の発展がこれに関わっている。

現在でも、経済学の基本的な方法論的な立場は、「合理的な個人という前提から出発する」というものである。アダム・スミス以来の経済学は、ホッブズと違って、合理的な個人からなる自由な社会が、分業と競争的市場とを通じて、むしろより多くの富を生産し、諸個人にとってもより良い経済的福祉をもたらすと主張してきた。このことは、産業革命以降のイギリスを中心とする西欧諸国の経済的発展によって、十分に実証的な裏付けを得ているように思われたのである。

「功利主義」というのは、一八世紀の終わりに、イギリスの社会思想家J・ベンサム（一七四八〜一八三二）によって唱えられた思想である。よく「最大多数の最大幸福」というスローガンで知られているが、ベンサムが根底においていたのは、「どういう社会が望ましいか、どういう政策が望ましいかについての最終的な判断の基準は、個人一人ひとりがどれだけの幸福をうるかによって決まる」という考えである。ベンサムがこれを主張したのは、「社会の望ましさ」を何か「実体として存在している社会そのものの望ましさ」として主張しようとする議論に対抗するものであった。それは、かれの見方では、「社会（community と表現されている）」は「擬制（fiction）」であって実在するものではないからであった（Bentham 1789 = 1979 : 83）。

「一人ひとりの個人の幸福」を最大限に重視することが功利主義の根底にある思想なのだが、これに加えて、「各人にとって何が幸福かを判断することができるのは、その人自身だ」という自己決定原則を打ち立て、功利主義思想を体系化したのがJ・S・ミル（一八〇六〜一八七三）である。ミルは「他人に危害を加えない限り、各人は自らの行為を自由に選択することができる」という「危害原理」を主張した（Mill 1859）。これによって、功利主義と自由主義とが密接に結びつくことになった。

さらに、「より優れたものが競争を通じて淘汰されて選択される」という自由競争思想がこれに付け加わることになった。これをもっとも強力に推進したのがスペンサーの社会進化論であった。スペンサーによって、「自由」はただたんにミルの意味で、すなわち、自律した個人の自由な判断は最大限に尊重されるべきだという規範的な理由で尊重されるのではなく、「自由競争を通じて社会が進化する」という（通俗的な意味で）功利的な理由でも擁護されることになったのである。

結局、次のような主張からなる理論の複合体が、パーソンズによって「功利主義」の名で呼ばれたものだといえる。

① 存在論的個人主義。実体として存在するのは諸個人のみであって、「社会」は単一の実体としては存在しない。

② 個人幸福の原理。いかなる制度や政策が望ましいかは、それが人々の幸福をどれだけ増進するかによって判断される。

③ 合理性の原理。人々は、自らの幸福とは何かを合理的に判断することができ、幸福にとって重要な手段行為を合理的に選択することができる。

④ ミル的自由主義。他人に危害を加えない限り、人々の自由な行為選択は最大限尊重されなければならない。

⑤ 競争的自由主義。人々が自由に合理的に行為を選択し、競争的メカニズムが働くことを通じて、望ましい社会秩序がもたらされる。

⑥　社会進化論。自由競争を通じて、社会が進化発展する。

簡単に言えば、「人々の合理的な行為選択によって、望ましい社会秩序がもたらされる」という主張である。

パーソンズが批判しようとしたのは、こうした意味での「功利主義」であった。おそらく、この意味での「功利主義」に違和感を抱く人は少なくないだろう。パーソンズに限らず、ある意味で、二〇世紀に入ってからの社会学は、このような功利主義的な社会観への批判を一つのモチーフにして展開されたともいえる。

常識的にみても、こうした意味での功利主義的な社会観は、あまりにも個人主義的である。とくに、ここには「たとえ、自分のことしか考えない利己的な個人だけからなる社会であっても、その人々が合理的でありさえすれば、社会はうまくいく」というインプリケーションがある。それには誰だって「本当にそうか」という疑問が湧くにちがいない。

現実の世間では、自分のことしか考えない人はけっして「望ましい人だ」とは思われない。むろん、人間はだれでも、ときには自分のことしか考えていないような利己的な振舞いをすることはある。しかし、それがいいことだとは思っていない。われわれは、道徳的に振舞うこと、道徳的な人間であることを正しいことだと考えている。ところが、上のような理論だと、「人々が道徳的であること」がまったく考慮に入れられていないのである。「望ましい社会」にとって、「人々が道徳的であること」がまったく求められていない。本当にそれでいいのだろうか。「自分のことしか考えない人々からなる社会」が本当に望ましい社会といえるだろうか、という疑問である。

ただし、じつはミルの『功利主義論』(1863) では「太った豚より、痩せたソクラテス」という言葉で表されているように、「個人個人が人格的道徳的に優れていること」が重視されている。したがって、上の理論的まとめは、ミル自身が実際に主張した功利主義とは非常に異なったものである。そのことは注意しなければならない。

実証主義と観念論

パーソンズの『社会的行為の構造』が注目されたのは、そこで彼がたんに功利主義を批判したからではなく――それだけだったら、あまりにも平凡すぎる――、「実証主義か観念論か」という二元論的な対立を乗り越える試みを示したからである。この実証主義と観念論との対立を乗り越えるという問題意識は、ヴェーバーやデュルケムの時代から今日にいたるまで、社会学を中心とする多くの論者たちによって共有されていた問題意識だった。

この二元論的な対立は、次頁の表3-1に示すような社会学の方法と理論形式とにおける種々の対立図式と重なり合っている。

注意しなければならないが、どの二項対立も、他のものと完全に一致してはいない。それぞれが独自の対立である。たとえば、ヴェーバーの方法論的立場は、「方法論的個人主義」であると同時に、文化科学、解釈学でもあったし、デュルケムは「方法論的集合主義」であったけれども、同時に経験主義で統計的方法を駆使していた。

しかし、社会について理論的に考えようとすると、さまざまな側面でこのような二項対立を意識することになる。ある意味で、これを意識し続けているのが、社会学という学問の一つの特徴でもある。

表3-1　さまざまな二項対立

実証主義	観念論
自然科学	文化科学
方法論的個人主義	方法論的集合主義
経験主義的	解釈学的
客観主義	主観主義
説明	理解
物的	心的
欲求	理念
社会名目論	社会実在論
法則定立的	個性記述的
普遍化的	個別的
統計的方法	事例研究
量的方法	質的方法

パーソンズの『社会的行為の構造』は、「実証主義対観念論」という対立を踏まえて議論を展開することで、こうした社会学的なさまざまな文脈からなる世界に、「いかにして社会は可能か」という「秩序問題」を投じ入れることになったのである。

さて、パーソンズのいう「実証主義」とは、「経験的な事物だけを基盤にして」社会理論を組み立てていこうとする立場である。社会学ではもともとコントの「実証主義」が有名だが、コントでは社会学そのものが、それ以前の「神学」や「形而上学」と異なって「実証主義的な科学」というふうに位置づけられていた。つまり、「経験的な根拠に基づいて、科学的に社会を考察し、その上で社会のあるべき秩序を構想する」のが「社会学」であった。パーソンズは「実証主義」をこれよりやや強い意味で用いている。すなわち、「社会は経験的なものごとだけから成り立っているし、経験的なものごとだけを基盤にして秩序を構想することができる」という立場を「実証主義」と呼んでいるのである。

それに対して、「人々の理念や価値こそが究極において社会を形作っている」と考える立場を、パーソンズは「観念論」と呼んでいる。ここでも注意が必要だ。これはふつう哲学畑で「観念論」という言葉で意味されているものとはやや異なる。もともと「観念論」というのは、古代ギリシャの哲学者プラトン（BC四二六～三四七）の唱えた「世界の究極に実在するのは観念（イデア）だ」という説に由来し、その後、一般に「実在論」と対立して「自然界を含む世界は実在するのではなく、実在するかに見えているのはわれわれの観念がつくりだしたものだ」という立場を表している。それに対して、一八世紀の終わり以降、Ｉ・カント（一七二四〜一八〇四）の影響のもとに、主観や観念の働きを重視するドイツ哲学の潮流を「ドイツ観念論」と呼ぶようになった。

パーソンズのいう「観念論」はこのドイツ観念論の意味のもので、「社会現象とはどういうものか、社会秩序はどのように構成されているか」という問題に関して、「観念的なもの」つまり「人々が思念や意識において抱いている理念や価値や規範意識」が重要な役割を担っていると考える立場をさしている。そうした「観念的なもの」は、通常の意味では経験的に観測したり見たりすることのできないものだ。

このように、パーソンズにおける実証主義と観念論との対比は、経験的な自然科学と解釈学的な人文学との対比に似ている。この対比は、ディルタイやリッケルトの例から分かるように、学問の方法やあり方をめぐる最大の関心事の一つである。パーソンズは、この問題意識に訴えかけるかたちで議論を展開していったのである。

欲求か価値か

パーソンズの意味での実証主義と観念論との対比は、社会現象というものが、第一義的に「行為」のように直接には観測できないものから成り立っていると考えるか、それとも人々の「価値意識」のように直接には観測できないものから成り立っていると考えるか、という対比だと考えると分かりやすい。これはまた、「欲求」と「価値」との違いでもある。欲求も価値も、人々を動かしてその行動を左右する重要な要因であるが、欲求が生得的に形成された自然的なものだと考えられるのに対して、価値はむしろ後天的に形成された文化的なものだと考えられる。もっとも、厳密には両者の境界は微妙だ。たとえば、「燃費のいいハイブリッド車を購入したい」という欲求は、自動車文明や自動車生産技術の発展なくしてはありえないので、文化的な欲求でもある。欲求は必ずしも、遺伝子によって生物学的・自然的に決まっているものばかりではない。ただ、それに対して、「車を購入するなら、環境にやさしいものにしたい」というのも広い意味の一つの欲求ではあるが、ここには「何が望ましいか」「どうしなければならないか」という規範的な判断が入っている。こちらの方は、欲求であると同時に、「環境という価値」を重視した価値意識だといえる。

人々の価値意識の背景には、世界や社会に関する意味的な解釈がある。世界はどうなっているか、どういう世界が望ましいものか、世界はどういうふうに秩序づけられているか、その中で人はどう生きるべきか、そもそも人生の意味とは何か、等々の諸問題についての一定の（むろん、多くの場合、無意識であったり、漠然としていたり、懐疑的であったりするのだが）理解がある。

「欲求」という言葉で考えているときは、欲求の背後にそうした解釈の体系が存在していることを捨象している。端的に「欲求」として表面に現れたものだけを考えているのである。功利主義の祖であるベンサムが、幸福を快楽と等置して考えたところに、そうした面が現れているといえるだろう。人々の幸福が、意味の体系によって支えられていることが無視されていて、たんに欲求を満足させることと同じであるかのようにみなされているのである。パーソンズが「実証主義」と呼ぶのは、そうした「意味の体系」を無視して考える方法的態度のことをさしている。

他方、パーソンズが「観念論」と呼んでいるのも、かなり極端な方法的態度のことをさしている。観念論の典型は、「社会の背後には意味の体系が客観的なものとして実在している」と想定するものである。この代表例が「国家は客観的精神だ」と言ったG・W・F・ヘーゲル（一七七〇〜一八三一）である（Hegel 1821）。日本の法哲学者でシュッツと交流のあった尾高朝雄（一八九九〜一九五六）も「国家は超個人的な単一体としての団体である。而して、団体は自然の世界には存在せず、精神の世界をその存在領域とする」（尾高 1968：102）と述べている。

この考え方だと、国家という社会的現実を作り上げているのは、何らかの意味で客観的に存在している「精神」というものになる。個々の人々から独立して存在する「精神」が社会現象の基底にある。ここまで極端ではないけれども、デュルケムの「集合表象」の概念もややそれに近いところがある。観念論的な社会理論は、たんに「社会現象には人々の意味世界という観念的なものが作用している」と想定しているだけではなく、「人々からは独立した集合的ないし客観的な意味の体系が存在する」ことを想定している。人々の行為選択のメカニズムを考えるときに、たんに「人々は規範に従って行為している」とだけ考えるとすれば、そこでは「規範」という人々にとって外在的なもの、人々から独立したものが集合的に人々を規定していると想定することになり、上の意味で「観念論的」である。たとえば、人々が車を購入しようとするとき、すべての人が「環境という価値」を同じように重視して選択していると想定する社会理論は「観念論的」だといえる。

功利主義をどう乗り越えるか　パーソンズは、実証主義も観念論も社会理論として間違っていると考えた。そのことだけなら、だれでもうすうすとは感じていることだ。実証主義の代表である「功利主義」はあまりにも個人主義的で、それはどうも社会の現実とも違うし、そうした個人主義だけで

「いい社会秩序」がもたらされるとは考えられない。他方、観念論の方は逆に「個人」を無視しすぎている。そこでは自由や個人の自発性がなんら考慮に入れられていない。誰でもがそう考えるだろう。

そうした誰にでもある疑問を明示的に言葉に出し、実証主義と観念論との対立やそれぞれの問題点を理論的に分析したのがパーソンズの『社会的行為の構造』である。それだけではない。パーソンズは、両者の問題点を克服し、両者の対立をいわば弁証法的に解決するような独自の社会理論を構築しようとしたのである。

パーソンズは功利主義を、それが「目的のランダム性」を克服できていないとして批判した。目的のランダム性というのは、個人個人の行為の目的があらかじめ調整されておらず、相互に対立する可能性を孕んだままであることをいう。ホッブズの「権力への欲求」がその例である。それぞれの個人が自分の欲求の達成だけを求めているとき、当然そこには対立が生じる。自分の欲求を実現させ、他人のそれを抑圧しようとすると、権力の争いが生まれる。

たしかに、アダム・スミス以来の経済学の伝統は、「たとえ人々の欲求が利己的でばらばらであっても、市場メカニズムを通じてその対立は克服され、全員にとって望ましい状態が生じる」と論じてきた。しかし、ここには大きな二つの誤りがある。一つは、かつてデュルケムが「契約外の契約」と呼んだように、市場というものがそれ自体一つの「制度」であって、市場メカニズムが働くためには一定の制度が成立していなければならないということである。さもなければ、ある二人がそれぞれの生産物をもって出会ったとしても、そこには略奪をめぐる争いが生じるだけだろう。市場は制度であり、それが成立しているということは、すでに「秩序問題」が一定程度解決されていることを意味する。したがって、

「市場メカニズムが調整する」という話は、一種の論点先取を犯しているのである。

もう一つの誤りは、マルクスが指摘したものだ。たとえ市場メカニズムが正常に働いたとしても、必ずしもその結果が規範的にみて望ましいものであるとは限らない。貧困や格差の問題は、市場メカニズムで解決できないだけではなく、むしろ拡大することとさえあるのである。なぜそうしたことが起こるかについて、パーソンズの時代の経済学はまだ十分に考察していたわけではない。J・M・ケインズ（一八八三〜一九四六）の『雇用・利子および貨幣の一般理論』が出版されたのは一九三五〜六年である。金融政策を重視するマネタリストの理論が注目されるのは、戦後になってからだ。さらに、市場メカニズムによってもたらされるものが「パレート効率性」であって、それは一つの「望ましさ」ではあるけれども、それが不平等の問題に答えるものにはなっていないということを真正面から論じるようになるのは、一九七一年にJ・ロールズ（一九二一〜二〇〇二）の『正義論』が出てからである。

なぜ市場メカニズムだけではうまくいかないかについて、パーソンズがよく理解していたわけではないが、大恐慌を経験した時代、多くの人にとってはそれは説明の必要がないことだったであろう。いずれにしても、市場メカニズムをもちだしても、「功利主義」は目的のランダム性から生じる問題を解決できない。それがパーソンズの診断であった。

彼が問題の焦点を「目的のランダム性」と捉えたことは、逆にいえば、「目的がランダムではないこと」に解決の方向性をみていたことを意味する。ランダムでないとは、あらかじめ調整されていることである。パーソンズは、「共有価値」が働くことで目的のランダム性が克服されると考えた。そうした共有価値の働きは、功利主義的な社会理論ではまったく考慮されていなかったものだ。

他方で、観念論の伝統は「客観的精神」や「集合表象」のような概念で、一種の共有価値を想定していた。しかし、パーソンズからすればこれにも問題がある。観念論が想定する共有価値は超個人的なものである。それでは個人の自由や自発性が存在する余地がまったくない。人々はたんにアプリオリに存在する共有価値に動かされているだけになる。それは経験的にも間違っているし、規範的にも望ましい事態ではない。

パーソンズは実証主義と観念論との対立とそれぞれの問題を乗り越えるような新しい統合的な理論を「主意主義的」理論と名づけた。もっとも、『社会的行為の構造』の中では、この主意主義的社会理論は具体的にはほとんど展開されていないし、その後の著作でも展開されたとはいえない。パーソンズはただたんに実証主義と観念論の問題点を洗い出し、それらを克服するものとして理想的に想定される（未知の）社会理論のタイプを「主意主義的」と呼んだだけのようなところがある。しかし、この本は、統合的な理論の提示に成功したかどうかで評価されるべきではなく、社会理論における二つの方法的態度を対比的に分析して、社会学にとっての原理的な問題を提示した点に、大きな意義があったとみるべきだろう。そこでは明らかに、社会的世界とは何か、そして社会学とは何かが問われていたのである。

次章で、このパーソンズの理論を具体的に検討することにしよう。

第4章　事実性と規範性

パーソンズにおける秩序問題へのアプローチは、事実的秩序と規範的秩序の区分から始まっている。この区分には、社会的世界がたんなる経験的なものではなくて、規範的なものを含んだ意味世界だというインプリケーションが含まれている。

もっとも、パーソンズもジンメルもヴェーバーも、社会的世界が意味的に構成されたものだということが十分には分かっていない。そのため、社会はいかにして可能かについてのジンメルの答えは、日常生活者が自明視していることをそのまま前提してしまっている。また、ヴェーバーの理念型の理論は、社会的世界の理念性に気づきながらも、社会科学の客観性の定式化としては間違っている。

1　社会秩序とは何か

事実的秩序と規範的秩序

社会秩序とは、それが何であれ、社会的世界の秩序である。しかし、いったい「秩序」とは何だろうか。われわれは、「秩序」という言葉で何を意味しているのだろうか。

パーソンズは、功利主義を批判する文脈の中で、「事実的秩序」と「規範的秩序」の区別を提起し、社会秩序はたんに事実的秩序であるばかりではなくて、規範的秩序でもあるということを主張している。この概念区分は重要なものだし、そうした区分を提起したことはパーソンズのすぐれた社会学的な感性を表していると思うが、説明のしかたは残念ながらおせじにもすっきりしているとはいえない。

この二つは、次のように定義されている（文章は、原文をやや変えてある）。

> 事実的秩序というのは、確率論の統計法則に従うところのランダム性ないしチャンスの「反対物」であり、本質的に論理的理論、とくに科学における理解への「接近可能性」を意味している。規範的秩序は、常に規範ないし規範的要素の所与の体系に対して相対的である。この意味における秩序とは、規範的体系に定められた道筋に従って物事が生起するということを意味している。（Parsons 1937：91）。

この定義には、次のような問題がある。まず「事実的秩序」を「ランダム性ないしチャンスの反対物」だと考えるのは適切ではない。自然科学が対象とする自然的世界には事実的秩序があると想定していいし、その想定のもとで、事実的秩序を探究するのが自然科学である。パーソンズの概念化だと、自然科学が明らかにしているような「秩序」には「ランダム性やチャンス」は存在しないことになるが、それは事実として間違っている。解明されている秩序には、確率的なもの、ランダム的なものが非常に多い。量子力学がそうしたものであることはよく知られている。まさにパーソンズの『社会的行為の構造』の刊行の頃に、かのアインシュタインが「神はサイコロをもてあそばない」といって量子力学の確率論的な理論構成のしかたを批判したことは有名だ。今日では、これはアインシュタインの方が間違っていたとみなされている。確率論的な量子力学は、物理学になくてはならないものだ。

実際、自然科学に限らず、社会学においても量的社会調査データの統計的分析では、社会現象に確率論的なモデルをたてて、それをデータで検証するという方法をとっている。つまり、社会には確率論的な秩序があるという前提で考察しているのである。むろん、この前提は間違っているとか、あるいは「単純化のためのフィクションだ」というようにみなすのも可能だが、秩序の概念が確率論的なものやランダムなものを排除していないことは、疑う余地がない。

ということはつまり、「事実的秩序」を「ランダム性やチャンスの反対物」と考えたり定義したりするのは間違いだということだ。ではどういうふうに定義すればいいか。じつは、これはかなりやっかいな問題である。

パーソンズは、事実的秩序について、「科学における理解への接近可能性を意味している」と書いている。つまり、事実的秩序があることは、それが「科学的に理解できること」だ、というのである。しかしすぐ上でみたように、「ランダム性やチャンス」はけっして「科学的に理解できないこと」を意味しない。事実的秩序についてのパーソンズの記述は混乱している。

では、「科学的理解への接近可能性」として考えられる事実的秩序とはどういうものか。パーソンズは、対象である事物の側に「科学的に接近可能なもの」とそうでないものとの区別があると考えているのだ。しかし、ここで次のことに注意しなければならない。それは、「何が科学的に理解可能であるかは、前もって分かるものではない」ということである。これは当たり前のことだが、いろいろな意味できわめて重要な事実だ。自然科学者たちは日夜、自然的世界の解明に向けて努力し、競い合っているが、その誰も「今、探究している対象世界にはこれこれの事実的秩序がある」ということを前もって知っているわけではない。もし本当に知っているのなら、それを知った時点で論文として発表しているはずだ。「仮説」として「たぶんこうなっているはずだ」というたぐいの知識はもっているかもしれないが、そのレベルではまだ「科学的に理解した」ことにはならない。それに、探究の結果、前もって抱いていた仮説が崩れることはふつうにある。

科学によって解明されたものごとには一定の秩序がある。しかし、どういう秩序が明らかになるかは探究してみなければ分からない。つまり、「事実的秩序」の内容を前もって特定的に述べることはできないということである。したがって、ランダム性やチャンスもまた事実的秩序でありうる。たとえば、ある事象が起こる確率が二分の一だということは、「確率二分の一」という立派な秩序を意味している。今日ではカオスでさえも、科学的探究の対象になっており、カオスの中に秩序を見いだす試みも盛んに展開されている。文字通りに捉えると、ここには語義矛盾があるが、これはつまり「それまではどういう秩序があるのか分からなくてカオスと位置づけられていた現象が、新しい理論装置を用いて分析され、そこに一定の秩序が見いだされるようになった」ということだ。

このように考えると、事実的秩序を「科学的理解への接近可能性」として概念化することにも問題がある。なぜなら、この言い方だと、世界の出来事には「科学的に接近可能なものとそうでないもの」という区分があるという間違った前提を置くことになるからだ。そうした前提を置かないで「事実的秩序」を概念化しようとすれば、せいぜい「科学的探究が解明しようとめざしているもの」というくらいの言い方しかできないだろう。

そうだとすれば、「事実的秩序」とは、すべての科学的な営みにとってその探究の対象である。それは、自然科学であろうと何であろうと変わらない。言い換えれば、社会科学や社会学にとっても、探究対象としての「事実的秩序」が存在する。自然的世界であろうと社会的世界であろうと、科学的探究がめざしているのはそれぞれの世界に存在している「秩序」を解明することだ。「事実的秩序」とは、そうした科学的探究の対象としての秩序であり、いわばデフォルトとしての秩序である。

本書では、以後、とくに断らない限り「事実的秩序」の概念をこのような意味で用いることにする。

「規範的秩序」で言い表そうとしたもの

次に、パーソンズの「規範的秩序」の概念にも問題があることをみておこう。パーソンズの定義は、たんに「規範的体系に従って生起しているものが規範的秩序だ」としか言っていない。これだと、規範的体系どおりに生じているものが規範的秩序だということになる。つまり、人々が社会的に決められた所与の規範的体系にすなおに従っていること、それが規範的秩序だということになる。

そうだとすると、そもそも「秩序問題」という問題を考察する意味がなくなる。なぜなら、この場合には、「人々が所与の規範的体系に従うこと」が秩序問題の解決になり、それで答えはつきてしまう。それ以上、何も考察する必要がない。

もっとも、パーソンズの文章はやや微妙で、「従って」という文言はせいぜい「影響作用を受けて」というほどの意味であるかもしれない。その可能性は高いのだが、その場合でも、では、たんに規範的体系の影響を受けているのが規範的秩序であって、そのような規範的秩序について、秩序はいかにして可能かと問うのであれば、その答えはやはり簡単で、「何らかの規範的体系の影響を受けていること」ということになる。

規範的秩序の概念で注意したいのは、パーソンズが「規範ないし規範的要素の所与の体系に対して相対的」だと書いていることである。この文章は、規範的体系は文化や社会によって異なっているものなので、「社会状態がどのようにあることが秩序か」についての観念の内容も、社会によって異なっているということを意味している。たしかにそれはそうだろう。しかし、そのように考えてしまうと、やはり、「規範的秩序はいかにして可能か」という問いへの解答は、「人々が規範的体系に従っていること」という平凡なものになってしまう。

このように、パーソンズの事実的秩序の概念も規範的秩序の概念も、ともに満足できるものではない。では、このように区分することに意味はないのか。じつは、パーソンズが区分しようとしたことには、彼自身が明確には自覚していないある重要な意味がある。

パーソンズは、社会理論が問う秩序問題における「秩序」とは、たんなる事実的秩序とは異なる何かだと考えた。その感覚は間違ってはいない。リッケルトやヴェーバーが考えたように自然科学と文化科学が違うとすれば、そこにはそれぞれの扱う対象の違いがなければならない。かれらはそれを「自然」と「文化」ないし「文化意義」の違いだとしたのだが、パーソンズはそれをむしろ事実的秩序と規範的秩序の違いとして考えたのである。

パーソンズは、功利主義への批判において、その実証主義が問題なのは、それが究極的には社会的行為を「本能や遺伝」に帰着させてしまうからだという議論を行っている。これは、いうなれば「社会的世界」を「自然的世界」に還元してしまうことへの批判である。本能や遺伝とは、生物としての人間に生来的に備わった性質で、自然的世界に属す要因である。もしも人々の社会的行為が本能や遺伝によって決まっていると考えるならば、その探究は生物学の領分に属すことになる。それでは、文化科学や社会科学の領分はなくなってしまう。わざわざ自然科学とは異なるそうした学問分野を立てる必要はない。

実証主義を突き詰めていくと、最終的にはこのような立場に行き着いてしまうとパーソンズは考えた。なぜなら、人々における観念的なもの、価値的なものの独自のはたらきを認めないで、社会的行為があくまで経験的なもの、事実的なものでもって成り立っていると考えるのが実証主義だからである。つまり、実証主義とはある意味で自然科学的な方法的態度だとパーソンズは考えたのである。

この文脈で考えると、パーソンズが「規範的秩序」という概念を立てた真の意味は、社会学が対象とする社会的世界の独自の性質を言い表そうとするためであったといえるだろう。しかし、社会的世界とはすなわち「規範的体系に従って生じている」世界だと想定するのは間違っている。社会学が解明しようとしている社会的世界が、すべてそうした意味での「規範的秩序」だとすることはできない。

しかし、その一方で、自然的世界と異なるものとしての社会的世界には、当然のこととして自然的世界にはない要素が存在しなければならない。それはリッケルトが「文化意義」と呼び、ヴェーバーが「価値」と呼んだものに対応する。それらはある意味で「規範的なもの」である。しかし、パーソンズの「規範的秩序」もそうだが、「文化意義」や「価値」を全面に出すと、あたかも社会的世界というものはすべて、内的に整合的でまとまりをもった規範的体系や文化的体系で秩序づけられているかのように描かれてしまう。社会的世界はけっしてそういうものではない。内部に、たんに欲求の対立だけでなく価値や文化の対立をはらみ、抑圧や格差を生んでいるのが社会的世界である。

したがって、社会的世界に存在すると想定され、社会科学が探究の対象とするものを「規範的秩序」と呼ぶのは正しくない。少なくとも、ミス・リーディングである。それはせいぜいのところ、たんに「社会的秩序」とでも呼んでおけばよい。社会的秩序とは、社会的世界に存在すると想定される「社会的」な秩序である。つまり、意味世界としての社会的世界の秩序である。パーソンズの「規範的秩序」の概念は、社会的世界が意味世界であることを暗黙のうちに強調したものだと考えていい。

2 経験的問いと規範的問い

二つの秩序問題

パーソンズに限らず、ほとんどの論者が注意していないけれども、「秩序はいかにして可能か」という問いには、本来区別されるべき二つの種類がある。それは経験的な問いと規範的な問いである。パーソンズにはこの二つが渾然と混じり合っている。同じことはジンメルの「いかにして社会は可能か」という問いについても言える。

自然的世界に存在する秩序は「規範的なもの」とはいっさい関係がない。(少なくとも、「神の摂理」というようなものを想定しない限り。) 太陽の活動が高まったせいで地球の温度が上昇したとしても、それが規範的に間違っているとか無秩序であるなどと言うことはできない。それはいわばデフォルトとしての秩序である。

社会的世界にも、どんな場合であってもデフォルトとしての秩序は存在する。たとえ、戦争状態であろうと、内戦状態であろうと、テロや大量殺戮があったとしても、事実的な秩序は存在する。しかも、「聖戦」や「ジハード」や「民主主義のための戦争」という概念で分かるように、そこにさえ「規範的要素」は働いている。

もしも「秩序はいかにして可能か」という問いがこうした意味でのデフォルトとしての事実的秩序についての問いだとすると、それは「ホッブズ問題」とはかなり異なったものになる。なぜなら、ホッブズ問題というのは、「どのようにしたら万人の万人に対する戦いに帰着しないですむことができるか」という問題だったのだから、「いかにして、万人の万人に対する戦いは可能か」という問いではありえないからである。つまり、デフォルトとしての事実的秩序についての「秩序問題」は「ホッブズ問題」ではないのである。

それに対して、「秩序」とは「万人の万人に対する戦いを回避した状態」だと考えて、その意味での「秩序はいかにして可能か」という秩序問題も存在する。この秩序はデフォルトとしての秩序ではない。理念的に望ましいと考えられた秩序である。このような秩序を「理念的秩序」と呼ぶことにしよう。平和な状態、対立のない状態、利害の一致している状態、公正な状態、平等な状態、差別のない状態、等々、さまざまな理念的秩序がありうる。

このように、秩序問題という一つの言葉に本当は異なる二つの問いが含まれている。一つはデフォルトとしての事実的な秩序に対する問いであり、もう一つは理念的な秩序に対する問いである。これらは、それぞれ「経験的な問い」と「規範的な問い」と呼ぶことができる。

「経験的な問い」と「規範的な問い」の区別は、通常の科学の営みにおいて誰でもが知っていることだ。たとえば、「本当に地球の温暖化は起こっているか」「本当に温暖化の原因は大気中の CO_2 の増大なのか」という問いは経験的な問いである。それに対して、「どのようにしたら CO_2 の増大を食い止めることができるか」「どのようにしたら CO_2 の削減に向けて国際的合意を得ることができるか」という問いは規範的な問いである。この二つのタイプの問いが本質的に異なった性質のものであることは誰もが知っている。

奇妙なことに、秩序問題という問いや「いかにして社会は可能か」という問いにおいては、経験的問いと規範的問いとの違いがこれまでほとんど意識されてきていない。パーソンズにもデュルケムにもジンメルにも、両者を区別することの重要性の自覚はみられない。例外がヴェーバーである。彼は『客観性』論文や『職業としての学問』(1919) において、経験的な問いと規範的な問いとの区別を明確に意識した上で、科学の営み（社会科学を含む）は経験的な問いに答えるものであって、規範的な問いには答えることができないと主張した。ただし、ヴェーバーが「できない」と言っているのは、「そもそも何が理念的に望ましいことなのか」「何が意味のあることなのか」「あることが望ましいのはそもそもなぜなのか」というような非常に強い意味での規範的な問いである。これをヴェーバーは「信仰の問題」あるいは「価値判断」と呼ぶ。そして、信仰の問題は経験科学の領分には属さないと言うのである。

ヴェーバーの価値自由

経験科学は、なんぴとにもなにをなすべきかを教えることはできず、ただかれがなにをなしうるか、また——事情によっては——なにを意欲しているか、を教えられるにすぎない。（Weber 1904a

＝1998：35）

もっとも、ヴェーバーは弱い意味での規範的な問いに答えることは、経験科学の課題の一つだと考えている。すなわち、ある一定の「価値判断」を前提にしたときに、「望むべき価値はいかにしたら達成することができるか」と問うことである。

科学的考察の対象となりうるのは、［1］目的が与えられたばあい、（考えられる）手段が、どの程度（その目的に）適しているか、という問いに答えることである。（Weber 1904a＝1998：31）

したがって、たとえば「温暖化は望ましくない」という前提のもとで、「いかにしたら温暖化を防ぐことができるか」という規範的な問いに答えることは経験科学の課題になる。それに対して、「そもそも温暖化が望ましくない究極の理由は何か」とか「人類の未来はいかにあるべきか」というような問いには、経験科学は答えることができない。

ちなみに、今日の学問の中には、地球温暖化に関してヴェーバーがしりぞけたような問いを引き受けているものがないわけではない。いわゆる「世代間倫理」とか「環境倫理」と呼ばれるような研究分野がそうだ。

いずれにしても、秩序問題には二つの問いがある。デフォルトとしての秩序の問いは経験的なものだ。戦争状態も一つの秩序とみなして、それはなぜ起こったのか、そこにはどのようなメカニズムが働いているのか、などの問いを立てることができる。そうした経験的な問いは、ヴェーバーによっても排除されてはいない。

他方、ある理念的な秩序がいかにして可能かという問いには規範的な問いが潜在している。そこには「どういう秩序が理念的に望ましいものなのか」という問いとそれへの解答とが暗黙のうちに含まれている。たとえば「万人の万人に対する戦いは秩序ではない」と前提しているとすれば、そこには、それは望ましい秩序ではないという規範的な判断があるのである。ヴェーバーに従えば、そうした規範的判断を下すことは経験科学の任務ではないことになる。

もっとも、「万人の万人に対する戦いは秩序ではない」という規範的判断を前提にした上で、それはいかにして回避できるかと問うのは、ヴェーバー的にも許される。それはヴェーバーのいう「信仰の問題」ではなく、一定の理念的な秩序を前提とした上で、その秩序はいかにして可能かと問うものだからである。これは、ヴェーバーに従ったとしても、とりあえず経験科学としての社会学が引き受けることのできるものになる。

問題は、なぜ、二つの秩序問題が区別されてこなかったかである。

3　社会的世界の規範性

差別はどう秩序づけられているか

ジンメルは、「社会はいかにして可能であるか」という問いを提起する文で、次のように書いている。

> ここで問題となるのは、ある主体が他の主体と出会うことによって、その主体を相互作用――その様式を社会学は記述する――へと動かす個々の衝動ではない。そうではなく問題は、そのような主体が存在するとすれば、この主体の社会存在であるという意識の前提はいかなるものかということである。……社会存在であるかぎりの個人の経験的な構造を可能とし、それを形成する先天的条件はいかなるものか。経験的に成立している個別的な形態が、社会という一般概念の下にあるとすれば、そのような形態はいかにして可能であるか。たんにそればかりでなく、主観的な心の客観的な形式としての社会一般はいかにして可能であるか。（Simmel 1908＝1994：37、傍点盛山）

この文章でまず注目してほしいのは、「経験的に成立している個別的な形態が、社会という一般概念の下にあるとすれば」というくだりである。これはジンメルが、「経験的には社会は成立している」と前提した上で問いを立てていることを意味している。それがどうした？　と思われるかもしれない。実際、社会は成立しているのではないか、それを前提にして問いを立てて、何がいけないのか。

じつは、いけないのだ。なぜなら、「経験的に社会が成立している」とはいったいいかなる事態のことを意味しているのかがまったく詰めて考えられてはいないからだ。一般的にいって、社会の中にはテロもあれば差別もある。大戦争や大虐殺もありうる。ジンメルの問いは、それらもふくめて「社会」と考えているのか、それともそれらを除外した上での「社会」を問題にしているのか、分からないのである。

第1章ですでに述べたように、「社会」とは理念的な存在である。つまり「社会」の概念にはすでに「どういう社会的世界が望ましいか」という規範的な判断が含まれている。しかし、理念は人によって異なりうる。「社会という一般概念」によっていかなる社会が意味されているのかは、けっして自明なことではないのである。

たとえば「差別」というのは、ある意味では「社会の否定」だともいうことができる。職業での女性差別は、ある職業から女性を排除することであり、その職業を基盤として形成される社会から女性を排除することである。そうした排除があってもなおかつ「社会だ」というのは、語義矛盾ではないのか。

もちろんジンメルは、ある一定の「よく秩序づけられた社会」を念頭において問いを立てているのだ。それは「個人の主観的な心」が同時に「客観的形式としての社会」を形成しているような状態でもある。差別されている人、あるいは差別されていると感じている人にとっては、その主観的な心は、差別している人の主観的な心とは大きく対立し異なっているはずだが、ジンメルにあってはそうした事態は無視されて、あたかも「ともに客観的な社会を形成している」かのようにみなされている。しばしば、差別している方の人は、自分が差別していること、あるいは他の人が差別されていると感じていることに気づかないものだ。ジンメルの語り方には、あたかも差別している側の人がそのことに気づかないでいるのと似たことが生じている。

差別が生じていることに気づかないときは、人は「よく秩序づけられている」と考えるものだ。それはやむをえない。しかし社会学者としては、差別が存在している状態であるにもかかわらず、「よく秩序づけられている」とみなしてはいけない。それでは、社会学の意味がない。

ジンメルは、経験的に社会は成立しているという前提のもとで、「いかにして社会は可能か」と問うた。もしも、「経験的に成立している社会」というものを文字通りにとるなら、そこに成立しているのはテロや差別もありうるような「デフォルトとしての事実的秩序」であるはずだ。しかし、明らかにジンメルの想定している社会にはそうしたテロや差別は含まれてはいない。ということは、ジンメルは「経験的に成立している社会」という言葉でもって、じつは「理念的な秩序」で支えられているような社会を想定していることになる。

意味的に構成されている

なぜ、こういうことが起こるのか。その最大の理由は、経験的な社会的世界というものがそれ自体意味的に構成されたものだからである。

たとえば、「君は友人だ」という発話がなされる状況を考えてみよう。ＡとＢの二人がいて、ＡがＢにそう言ったとする。この発話は、表面的には「ＢはＡの友人である」という「経験的な事実」を記述した文が発話の形で表現されただけであるようにみえる。しかし、ここには次の二つの点で純粋には経験的ではないことが起こっている。

第一は、「友人」という概念が純粋には経験的な概念ではないということである。ＢがＡの友人であるとは、たんにAとBが知り合いであるとか、高校時代に同じクラスに属したとか、メールのやりとりをしているとかということではない。日本語の「友人」の概念はもっと理念的である。それはたとえば「相手を裏切らない」「信頼が置ける」「話が合う」などの特徴をもっている。状況によっては、「困ったときには助けてくれる」という意味もある。こうした特徴は、過去において相手を裏切らなかった、信頼が置けた、話が合った、という経験的な事実だけを意味しているのではなく、現在および未来にかけても妥当するはずの「事実」だと思われている。

未来にも妥当する社会関係上の「事実」というのは、自然科学の事実のように経験的に確立されたものではありえない。自然的なものではない社会関係においては、昨日まで友人であった人が今日はそうではなくなっていたというようなことは頻繁に起こりうる。たとえ、友人であることが確定された事実であるかのように感じられたとしても、それは本当は「期待」にすぎないのである。つまり、「友人である」という社会関係は、「友人という役割期待が存在している」ということなのである。

役割というのは、ある一定の規範的な期待がかかっている社会関係である。親の役割、夫の役割、教師の役割、子供の役割、社員の役割、等々、すべてが自然科学的な意味での経験的な事実ではなく、それぞれの「役割意味」が規範的に規定されている「規範的な事実」なのである。「友人」もそうした役割の一つである。

第二は、「君は友人だ」というAのBに対する発話は、たんに「BはAの友人である」という役割上の事実を記述しているのではなくて、しばしば、「君は友人としての役割をはたしてくれるはずだ」というAのBに対する期待や願望を表明しているということである。たとえば、Aが金銭的に困った状況にあって、Ｂから一時的にお金を借りたいと思っているようなときに、「君は友人だよね」というような発話があるかもしれない。あるいは、実際にお金を貸してくれたあとに、「君は友人だ」といって、期待に応えてくれたことへの感謝を表明するかもしれない。

この例で重要なことは、社会生活におけるわれわれの発話は、たんに世界の出来事を事実として記述するのではなくて、社会的世界を構成する一つの社会的行為をなしているということである。期待や願望、あるいは感謝の表明は、社会的関係の形成や維持に関わっている。

発話行為がもつこの性質は、つとに言語哲学者のＪ・Ｌ・オースティン（Austin 1960）やＪ・Ｒ・サール（Searle 1969）らによって指摘されてきた。とくにサールは、社会的世界が発話行為を媒介にして形成されてきている点を詳しく分析している。たとえば、野球において審判が「ストライク、アウト」と宣言すれば、その発話行為は打席に立っているバッターが「三振」であることを意味する。それは「バッターは三振」という「事実」を作るのである。

発話という行為が、たんに事実を記述するのではなくて、それ自体が社会的世界における事実を作るということは、商取引や政治の世界では当たり前のことだ。たとえば、選挙の時に政治家が「当選したらこれこれの政策を実行します」と発言したら、それは政治的公約という事実を形成するのである。

理念的世界　このようにして、「君は友人だ」という発話は、「友人」という役割関係を確認する発話行為として、社会的世界に投じられる。もし、この発話に対して相手が同意すれば、そこには「友人関係の相互承認」という社会的事実が成立するし、逆に、もしも同意されなければ、「友人関係は存在しない」という事実が確認されるのである。

こうしたことは、社会的世界が意味的に構成されていることを示している。「意味的に構成されている」とは、「意味」が基底にあるということである。もっとも、このことを正確に言い表すのは容易ではない。これまでの社会学者は、近いところまで述べながら、正確な言い回しに失敗している。たとえば、「友人」という関係には、〈友人〉という意味がそこにある。「相手を裏切らない」「信頼が置ける」「話が合う」「困ったときには助けてくれる」などの「性質」が意味として含まれている。友人という役割は友人という意味によって規定されている。友人という経験的事実が先にあるのではなく、友人という概念が基底にあるのである。

「父」を考えてみよう。これには「生物学的な父」と「社会学的な父」があることは、よく知られている。生物学的な父は、人間だけでなく多くの生物種にもあてはまる関係性で、当事者の世界理解がどうあろうと自然的に決まっている事態である。それに対して社会学的な父は、生物学的にはどうあろうと、社会的な役割としての父を実践している者である。後者の場合、「養育する」「生活の面倒をみる」「保護する」などの父としての行為規範を遂行してはじめて父になる。ということは、行為そのものに先立ってあらかじめ「父としての行為規範」の観念が存在するということだ。これはつまり、「父」の意味があらかじめ存在するということである。

このようにして、社会的世界はあらかじめ意味的に規定されている。むろん、十分に統合されているわけではないし、ましてや人々のあいだで十分な一致をみているわけでもない。しかし重要なことは、それぞれの人々が「意味の体系」を抱いており、それによって自分を取りまく社会的世界を理解し解釈すると同時に、自分や他者がどうあるべきか、どのようなときにどう振舞うべきか、そもそも社会的世界はどうあるべきか、などに関する規範的世界像を構成しているということである。このような意味の体系を、やや長いが「理念的に構成された社会的世界」、略して「理念的世界」と呼ぶことにしよう。

理念的に構成された社会的世界は、経験的に存在する社会的世界と同じものではない。たとえば、Ａの理念的世界では「Ｂは友人である」かもしれない。しかし、経験的世界では「Ｂは友人ではない」可能性がある。「友人」役割の理念的な理解に関してはＡもＢも一致しているかもしれないが、「ＢはＡの友人か否か」に関しては、理念的な理解が一致しない。そのため、ＡがＢに対して「君は友人だ」と言って援助を求めても、Ｂはそれに応じないということが起こる。あるいは、Ｂも同じく「Ａの友人だ」とは思っていても、Ｂの「友人」概念は、Ａのそれと違って、「何があっても友人を助ける」という意味を伴ってはいないかもしれない。あるいは、「安易に助けることは、真の友人ではない」と考えているかもしれない。

ＡがＢに援助を求める、Ｂがそれを拒否する、というのは一つの経験的な社会的世界である。それと同時に、この経験的な世界はすでに意味的に了解されて成り立っている世界である。そこでは、「友人」「援助」「援助を求める」「拒否する」などの諸「意味」があって、ＡとＢの発話やその他の振舞いがその意味体系で解釈されることで、「ＡがＢに友人としての援助を求めたが断られた」という経験的世界が成立するのである。

つまり、経験的世界も意味的に構成された一定の理念的世界を前提にして成立しているのである。

ジンメルの問いは、「社会は経験的に成立している」という前提の上で、「いかにして社会は可能か」というものであった。しかし、ここでは「社会が経験的に成立しているとはどういうことか」が特定化されていない。テロや差別が横行している状態も一つの社会だと考えることができるし、そうではなくて、テロや差別のない状態こそが社会だとみなすこともできる。そのどちらに焦点をおくかによって、当然「いかにして社会は可能か」の解答は異なってくる。そのことがジンメルには分かっていない。

逆に言うと、ジンメルには、「社会が経験的に成立している」という事態がどういうものであるかということは、説明の必要のないほど自明で多くの読者に共有された知識だと思われたのである。たしかにわれわれは通常、社会は経験的に成立していると思っている。たとえば家族があり、学校や会社があり、働いたり勉強したり遊んだりしながら日常生活を営んでいる。日常生活の経験において、社会が成立していること（「社会」という概念は新しいので、それ以前だと「世間が存在していること」）は、当たり前のことである。

しかし、これが当たり前に感じられるのは、われわれが理念的に構成された社会的世界の観点からみているからである。理念的世界においては、社会はある。それは、自分を取りまく世界には一定の秩序が備わっているはずだという、アプリオリな前提があるからである。その前提は通常は意識されない。それが「経験的に社会は成立している」という理解を生む。

ジンメルの前提は、日常生活者の前提である。しかしそれは社会学の学問的探究において前提にしていいことではない。ある意味で、社会学こそは、フッサールのいう「判断停止」を実践する学問なのである。このことは、第1章で述べた「斜めに構える」ものとしての社会学という捉え方と通じるところがある。しかし、判断停止によって認識の根本的な基盤を解明するというフッサールの企図が成功しなかったように、判断停止ということで社会学を特徴づけることはできない。社会学的判断停止は社会学の一側面ではあるが、けっしてそのすべてではない。

ここで、ヴェーバーの「理念型」の概念と方法について、その意味と限界を明らかにしておこう。彼の理念型の概念は、その社会学的探究の実践の中から生みだされたものだ。たとえば、「資本主義」「プロテスタンティズム」「予定説」等々がすべて理念型なのである。

理念型とは何であるか

理念型という概念は、現象そのものではなくて、現象を一定程度「理想的」あるいは「抽象的」に捉えたものであることを意味している。ヴェーバー自身、それはある種の「フィクション」だと言っている。では、なぜフィクションなのか。なぜ、現象そのものを捉えるのではなくて、わざわざ理念型という考え方をしなければならないのか。

まずは、ヴェーバーの説明をみてみよう。

> 思考によって構成されるこの像〔理念型〕は、歴史的生活の特定の関係と事象とを結びつけ、考えられる連関の、それ自体として矛盾のない宇宙（コスモス）をつくりあげる。内容上、この構成像は、実在の特定要素を、思考の上で高めてえられる、一つのユートピアの性格を帯びている。（Weber 1904a = 1998：111–112）

理念型はむしろ、純然たる理想像の極限概念であることに意義のあるものであり、われわれはこの極限概念を基準として、実在を測定し、比較し、よってもって、実在の経験的内容のうち、特定

の意義ある構成部分を明瞭に浮き彫りにするのである。(Weber 1904a = 1998 : 119)

ここで「実在」という概念が、現象そのものを表している。そして、ヴェーバーは、理念型という方法が、「実在の経験的内容のうち、特定の意義ある構成部分を明瞭に浮き彫りにする」という役割を強調している。これは、すでに第1章で述べたように、かれが『客観性』論文(1904)の時点では、社会(科)学的探究の目的を「個性的な事象の文化意義」を認識することにおいていたことと関連している。「経験的実在」を「価値理念に関係づけること」、それが探究の目的に設定されているのである。

一見するとこの説明は筋がとおっているようにみえる。文化意義の観点から理念的に構成されたもの、それが「理念型」だというわけだ。

しかし、これには次のような問題があることに注意しなければならない。

① この観点に従えば、社会科学の「客観性」はいったいどうなるのか。すでにみたように、ヴェーバーの「文化意義」は、リッケルトとはちがって、そもそもある意味主観的なものである。そうした主観的なものの観点から構成された「理念型」を用いても、そこから導かれるのは結局のところ、主観的な解釈や理解の範囲を超えでるものではない。つまり、理念型というのは、研究者が主観的に見いだしている「文化意義」を正当化するだけのものでしかないのではないか。

② 他方で、ヴェーバーは「実在を測定し」とか「実在の経験的内容」という表現をしている。このことは、「実在」なるものが何らかの形で「経験的に測定できる」ということを含意している。も

しそうだとすれば、社会科学の客観性は、むしろそうした「実在の経験的な測定」にこそ求められるべきではないのか。その場合、わざわざ「理念型」とか「文化意義」などという概念を立てることの意味はなくなるだろう。

これは、きわめて深刻な問題である。社会科学の「客観性」を打ち立てるはずの論文が、それに失敗しているのではないか、ということになる。実際のところ、真実はそうなのだ。ヴェーバーの『客観性』論文は失敗している。たぶん、かれはそのことに気づいている。それがのちに、「理解社会学」という考え方を打ち出して、もっと個人主義的で構築主義的な方法の社会学を構想していく理由である。もっとも、『客観性』論文では、いちおう、「客観性」について説明はなされている。

あらゆる経験的知識の客観的妥当性は、与えられた実在が、ある特定の意味で主観的な、ということはつまり、われわれの認識の前提をなし、経験的知識のみがわれわれに与えることのできる真理の価値［への信仰］と結びついた諸範疇［カテゴリー］に準拠して、秩序づけられるということ、また、もっぱらこのことのみを、基礎としている。（Weber 1904a ＝ 1998：157-158）

しかし、これでは明らかに「客観性」とはいえない。「主観的なカテゴリーに準拠して秩序づけられる」ということは、結局のところ、主観的な観点の範囲内で秩序づけられているということでしかないのである。

ヴェーバーの理念型の概念と方法は、明らかに失敗している。少なくとも、それによって社会科学の客観性を確保しようというかれの意図は達成できていない。

では、理念型の概念にまったく意味がないかといえば、じつは、そうではない。ヴェーバーが十分には気づいていないところで、重要な意味があるのだ。

それは、社会科学の認識以前に、社会的世界そのものが理念的に構成されており、われわれはその理念的世界の中で生きているということ、そしてそこでは、「実在」そのものが「理念型」的に構成されているということである。たとえば、「友人」という概念そのものが理念型なのだ。個々の具体的な「知り合い」の個人を「友人」というカテゴリーで捉えることは、純粋に経験的な出来事を超えた理念型的な把握をしているということである。友人だけではない、「家族」「社会」はもとより、「資本主義」「権利」「自由」等々、社会的世界は基本的に理念型的に構成されているのである。

ヴェーバーが「理念型」という概念をもちだしたのは、かれが、社会的世界のこうした性質にうすうす気づいていたからにほかならない。しかし、理念型を社会科学の認識の手段として位置づけようとしたのは間違っている。理念型は社会的世界に埋め込まれた対象世界のものである。その概念と方法を用いたからといって、それだけでは社会科学の「客観性」を保証したり根拠づけたりすることはできない。意味世界としての社会的世界を探究する営みにおける「客観性」の問題は、もっと別のしかたで考えなければならないのである。

第5章　ミクロ─マクロ生成論の試みと挫折

社会的世界が諸個人とその相互作用からなるという理解は、社会学に「常識」として受け入れられているが、基本的に間違っている。社会的世界は、まずもって「意味」からなっているのであり、その意味世界の内部において諸個人や相互作用が位置づけられているのである。

ミクロ─マクロ生成論は、諸個人とその相互作用から「社会」がいかに生成するかという（誤った）課題を探究するものとして展開されてきた。ミード、ホマンズ、ブラウ、そしてコールマンなどがそうである。それらは、たんなる人々の振舞い（＝行動）の積み重ねでもって、意味世界としての社会が形成されると考えているのである。

1　相互作用を通じてのマクロの生成？

個人は素粒子ではない

社会的世界が複数の個人からなっており、個人はお互いに相互作用したり関係性で結ばれていたりすることはいうまでもない。個人がまず存在し、そこから社会が形成されていくと考えるのは、あながち間違いとはいえない。そのため、「社会はいかにして可

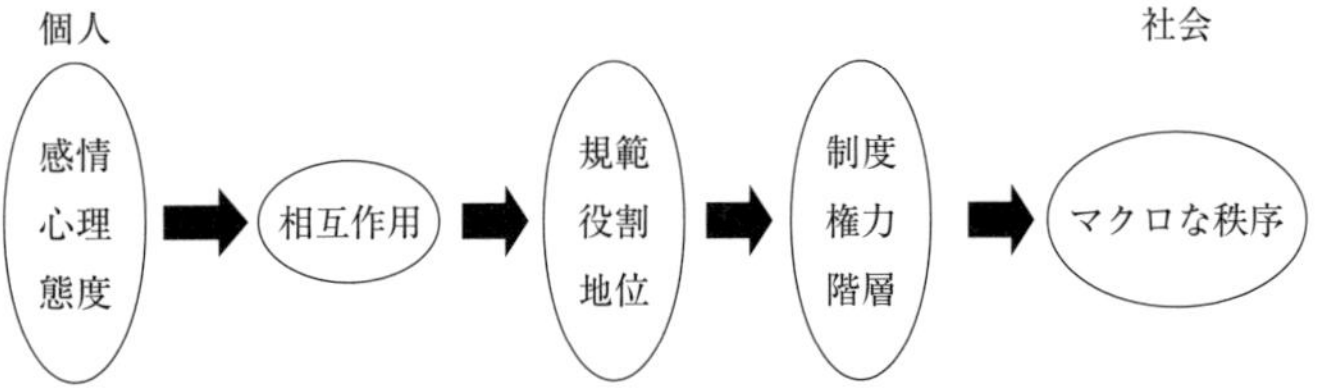

図5-1　ミクロ―マクロの通俗図式

能か」という問題に関して、多くの理論家たちが、ミクロな個人レベルでの相互作用から出発して、マクロな全体的な社会秩序をうまく説明することをめざしてきた。そこには、だいたい図5-1のような図式が前提されている。

　私は、この図式は次の点で間違っていると考えている。それは、感情や心理や態度などの個人的な要因があたかもマクロな秩序から独立して、あるいはそれに先だって、存在しているかのように考えている点である。実際には、個人の感情や心理や態度はマクロな秩序――それがなんであれ――によって大きく規定されている。個人的なものがまず先にあって、そこからマクロなものあるいは社会的なものが現れると考えるのは間違いだ。

　上の図式は、自然科学の多くの分野で成功している図式にならっている。物理化学であれば、「素粒子→原子→分子化合物→日常レベルの物質」のようなハイアラーキーがあり、後続するレベルの事象は先行するレベルでの物質の振舞い方から説明される、ということになっている。生物学でも、「原子・分子→DNA→アミノ酸→タンパク質→細胞→生物」のようなハイアラーキーが想定されている。

　社会的世界にはこうしたハイアラーキーは存在しない。それは、社会的世界における「素粒子」ともいえる「個人」は、その知性を通じて、「メゾ・レベルやマクロ・レベルの秩序」についての認識をあらかじめ取り入れているからである。つまり、個人的な意味世界の中にすでに社会秩序についての了解が組み込まれているのである。

こうしたことは、純粋に物質的な世界では起こらない。たとえば素粒子にあらかじめ太陽系の構造が書き込まれているなどということはない。もっとも、生物界では若干似た事態が存在する。ＤＮＡは、いわばそれまでの進化の記憶を蓄積している。それによって、たとえば生まれたときから人間に育てられた子犬も、おしっこかけやモノ隠しなどの犬としての習性を存分に発揮するのである。それはある意味では個体を超えた「種」というものの属性である。人間にも当然そうした生物としての種の特性が備わっている。それぞれの民族レベルには民族レベルでの生物的特性（背の高さ、肌の色、顔つきなど）がある。

人間という種に、知性という能力が生まれながらに備わっているのは、それ自体は生物としての特性であろう。しかし、社会学にとって重要なのはたんに知性があるということではない。そうではなくて、知性を通じて社会的世界が形成されているということである。

ただし、ここでいう知性はかなり広い意味のものだ。たとえば、「感情」という現象が、社会によってさまざまに異なっていることはよく知られている。日本人は感情を表に出すことが少ないといわれるが、それが正しいかどうかはともかくとして、「感情の表出のしかた」が社会によって異なることは間違いない。それは、もって生まれたものというよりは、社会的な規範として身についていったものであろう。日本社会では、悲しいからといって人前で泣き叫んだり、嬉しいからといって大声ではしゃいだり踊り出したりするというようなことは、「おとなげない」「はしたない」としてたしなめられる傾向があり、そういう感情表現をしないことを自然に身につけていくのである。

似たようなことが、いわゆる「感情労働」と呼ばれる現象にもみられる。エスノメソドロジストのJ・クルターは次のように書いている。

情緒にとって特徴的なことは、有意味な対象・状況がそのきっかけになっている、ということだけではない。有意味な対象・状況があればこそ情緒の存在は理にかなったこととなるのである。これは心理上の問題ではない。論理的な問題である。自分に非難の余地があることを認識して恥ずかしいと思ったときに、一定の感覚や気分を経験したりする。この同じ感覚・気分を、のちに、右のような認識なしに経験することも、当然ありうる。肝腎なのはもっぱらつぎの点である。羞恥心の合理的な表明・帰属は、その羞恥の対象・状況に自分が責任のあることを、そしてそのために他人から非難されうることを、当人が認識していることに概念上結びついている。(Coulter 1979 = 1998 : 192)

ここでクルターが強調しているのは、個人の情緒・感情というものは、はたしてそれを抱くことが社会的に正当化されるだろうかという点についての、当人の認識によって左右されているということである。この主張は正しい。もっと一般化していえば、個人の感情は、「どういう状況のときにどういう感情を抱くのが社会的に適切であるか」ということへの知識によって左右されているのである。これは広い意味で知的な操作だと言える。

われわれ人間は、感情でさえも社会的に規定されている。それはむろんＤＮＡレベルでそうなのではなくて、成長の過程で身につけていったものだ。

ここでいおうとしていることとは逆に、社会的世界が基本的に生物学的要因もしくは心理的な要因によって構成されていると主張する議論もある。その代表が、一つはウィルソンらの「社会生物学」であり、もう一つは社会学者ホマンズの「交換理論」である。

社会生物学

社会生物学というのは、社会的な現象が遺伝子によって規定されていることを強調する学問である。これはパーソンズからすれば、まさに極端な実証主義の最たるもので、とんでもないことになる。むろん、社会生物学の主張にも一理がないわけではない。たとえば最近の遺伝子生物学の研究では、高等動物における「共感遺伝子」や「模倣遺伝子」なるものの存在が知られるようになってきている。これらは、個体が他の個体との相互作用において、相手の行動を模倣したり、相手の視点と同じような視点をとることができる能力をもたらす遺伝子である。こうした能力は、人間のみならず、類人猿の集団生活にとっても必須のものだから、人間の「社会的世界」の基盤にそうした遺伝子のはたらきがあることは間違いないと言っていいだろう。

社会生物学は、遺伝決定論の立場をとるものだから、しばしば優生学や人種主義と同列にみなされて、社会学者のあいだではすこぶる評判が悪い。優生学というのは、もともとは農耕や畜産において、人間にとって役に立つ品種を選び育てることを目的とする学問だが、それを人間に適用して、「優れた遺伝子をもった人間だけが子孫を残せるようにしよう」とする考えのことをいう。かつてナチスがアーリア人は優秀でユダヤ人は劣等だと考えて、ユダヤ人虐殺（ホロコースト）の理論的根拠に使われたことがあったし、そうでなくても、多くの社会で、劣った遺伝子をもった（とみなされた）人は子孫を残せないようにする「断種」という手術が行われたことがあった。

むろん、社会生物学がそれ自体としてそうしたことを主張しているわけではない。優生学は品種改良と結びついていることから分かるように、実践的で（ときには悪く）政策的な学問であるのに対して、社会生物学は経験的な学問であり、それ自体として政策的に何かを主張しているのではない。ただ、個人の社会的な「能力」――たとえば、知的能力や運動能力や美しさなど――が遺伝子によって規定されていることを強調することは（たとえ、遺伝子によって規定されていることそのものは科学的にみて正しいとしても）、規範的な観点からみて問題をはらんでいることには注意すべきだろう。たとえば、ある人が知的な障害を抱えていることは遺伝子のせいであるかもしれないが、そうだからといって、その人には知的な学習は必要ないと考えたり、その人自身が自分には知的なことを学習する意味はないと考えたりするのは、けっして望ましくはない事態である。これは、生物学的決定論に限らず、人間社会や個人の能力に関する「決定論的な議論」が一様にはらんでいる問題である。

しかし、社会学からみて、社会生物学が否定はされないまでも、少なくとも脇に置いておいた方がいい理由が別にある。それは、社会生物学ではけっして「意味の世界」を扱うことはできないということである。社会的世界は「意味」に満ちている世界である。神や霊魂や正義などの観念なしにはこれまでの人間社会はありえなかったし、これからも、たとえ同一の観念ではなくても似たような観念なしにはありえないだろう。そうした観念をはじめとするさまざまな「意味」からなる世界を扱うことは、社会生物学にはできない相談である。

ホマンズの交換理論

次に、ホマンズの交換理論をみておこう。G・C・ホマンズ（一九一〇～一九八九）は、長くハーバード大学で社会学の教授をつとめ、一時期、その心理学主義的な社会学理論は、同じ研究室の先輩教授であるパーソンズの機能主義的社会学とならびかつ拮抗するものとして、大きな関心を集めていた。主著の一つ『ヒューマン・グループ』（1950）では、それまでの社会学あるいは文化人類学の有名な実証研究から素材を集めて、いわゆる「経験的一般化」の形で帰納的に社会学的理論命題を構築することをめざした。具体的には、ホマンズが利用したのは、レスリスバーガーたちのホーソン実験（ボストンの電機工場の配電器巻線観察室）、やはりボストンのイタリア系移民街についての研究であるW・F・ホワイトの『ストリート・コーナー・ソサエティ』（1943）、文化人類学者（イギリスなので、社会人類学というべきかもしれないが）R・ファースによる西太平洋の島ティコピア社会の研究（Firth 1936）、人類学研究としてはそれ以上に有名で影響力の大きかった「クラ交換」で知られるB・マリノフスキーのトロブリアンド島研究（Malinowski 1922）であった。

ホマンズは、こうした実証的な研究の成果を活用して、厖大な数の一般命題を導き出している。例を挙げれば、「頻繁に相互作用する人は互いに好きになる傾向がある」（Homans 1950 = 1959：123）とか、「集団の成員と局外者との間の相互作用の回数の減少は、局外者に対する否定的感情の強さの増加を伴い、……」（Homans 1950 = 1959：125）というような命題である。ホマンズは、活動、相互作用、感情、集団、社会体系、環境、外部的体系、規範、価値、社会的格付、権威、社会統制などに関する命題の体系を構築しようとしたのである。

次の主著が『社会行動――その基本形態』（1961→1974）で、こんどは、『ヒューマン・グループ』とは逆に、「演繹的」に理論体系を構築することをめざしたものだ。ニュートン力学に匹敵するようなものを社会学理論として作りあげたかったのかもしれない。ホマンズはまず五つの「一般的命題」を提示し、それを基盤にして、交換、刺激、影響、同調、競争、正義、権威、平等、地位、制度などについての命題を導き出していくのである。

一般命題の第一のものは、次のように述べられている。

もしも過去において、ある特定の刺激―状況の生起が、ある人の活動に対して利益をもたらすようなものであったならば、現在の刺激―状況がその過去のものにより類似していればいるほど、今の時点で、彼はその活動ないし何らかそれと類似した活動を発する（emit）可能性がより高い。

（Homans 1961 = 1978 : 53）

一見して、この文章が鳩やネズミの実験を中心にして展開された行動主義心理学の用語系で書かれていることが分かる。行動主義心理学というのは、基本的に「刺激と強化」の概念対をもとに組み立てられた学問で、個体の行動が学習を通じて発展するメカニズムに焦点をおいている。しかし、刺激と強化という操作には、人間の学習において重要な役割を果たす「言葉を用いたコミュニケーション」は含まれていない。むろん、言葉を用いた場合でも刺激と強化のメカニズムが一定の役割を担っていることは間違いないが、行動主義心理学では言葉に伴う重要な要素である「観念」や「意味世界」が脱落している。結局のところ、動物をしつけたり芸を教えたりする上では役立つけれども、人間社会の研究にはほとんど使えないと考えていい。

2　シンボリック・インタラクショニズム

数多くの社会学者が、「いかにして社会は可能か」という問いを九八頁の図5-1の枠組みで考えてきた。それは、行為や相互作用のようなミクロなものから、制度や秩序のようなマクロなものが生成してくる、という図式である。このような考えを「ミクロ—マクロ生成論」と呼ぶことにしよう。ミクロ—マクロ生成論にもさまざまなものがあり、社会生物学のような遺伝子決定論やホマンズのような行動心理学的理論は、かなり極端な部類に入る。

もっとおだやかなミクロ—マクロ生成論もある。その一つが、G・H・ミード（一八六三〜一九三一）が『精神・自己・社会』（1934）で展開した議論である。ミードは「シンボリック・インターラクション（象徴的相互作用）」の社会学者としてよく知られており、「一般化された他者」の概念が有名である。

ミードの経験主義

ミードのこの書は、タイトルから分かるように、個人レベルのミクロな現象から出発して、社会というマクロな秩序がどのようにして形成されるかを説いたものだと理解されている。もっとも、ミードの著作は、この書も含めて、すべて弟子たちによって講義ノートなどから編集・出版されたもので、ミード自身がつけたタイトルではない。

とはいえ、ミードが「個人的自己がどのような性質をもつことによって社会が形成されているか」という、まさに「いかにして社会は可能か」という問題に答えようとしていたことは間違いない。ミードは、ワトソンらによって展開された行動主義心理学の知見や概念を取り入れつつも、「理性」「内省性（reflectiveness）」「言葉を用いたコミュニケーション」など、人間の精神と社会的相互作用に特有のものを取り出して理論を構築している点に大きな特徴がある。人間を鳩と同じに考えているわけではない。

こうしたミードの理論の要点は、次の三つにあるといっていいだろう。

① 個々の人間の精神は、理性と内省性を通じて、本来的に社会的なものとしての自己を形成する。
② 自己は、具体的な他者との相互作用における経験とコミュニケーションとを通じて、「一般化された他者」を形成する。
③ 「一般化された他者」とは、自己に統一をあたえる組織化された共同体もしくは社会集団のことであり、自己は、そうした「一般化された他者」の態度を取り入れることで、社会における複雑な協働過程や制度的な機能を担うことができる。

このように、ミードは個人がたんにバラバラの個人ではなくて社会的な役割を引き受ける自己であることを強調する。ある意味で、ミードの議論はきわめて常識的で、とくに問題はないように見える。人々が一定の社会的役割を引き受けていることが、社会の秩序が維持されていることの重要な条件であり、それは同時に、自己が社会の中に自らのアイデンティティを確立できるための条件でもある。こうした社会的な自己の概念は、今日、原子論的なリベラリズムを批判するかたちで主張されているテイラーの「社会的自己」やサンデルの「状況づけられた自己」の概念に通じるところがある。

ここで、「一般化された他者」という表現に注意したい。学説史的に有名なこの概念は、「社会」を「他者が一般化されたもの」として表象することを意味している。しかしなぜわざわざ「一般化された他者」といわなければならないのだろうか。たんに「社会」といえばいいのではないか。

この概念には、ミードおよびそのフォロワーたちのある暗黙の理論が隠されている。それは、社会の表象は最初からマクロなものとして成立するのではなく、具体的な他人とのミクロな相互作用という経験を通じてこそ生成されるという理論である。ミードはかならずしも歴史的な意味での規範の発生論を論じたのではない。しかし、子供が社会の制度的な秩序を受け入れていくプロセスを、個人のレベルで規範的なものがいかにして生成されるかのプロセスとして論じている。つまり、子供の心には当初は規範的なものの観念がまったく存在しないのだが、他者との相互作用を通じてしだいに規範的なものが生まれていくということである。このことをミードは、子供がはじめは遊戯から、そして、より組織化されたものとしてのゲームに参加することを通じて獲得していくのだと論じている。

数人の人が参加するゲームでは、一つの役割を取得する子供は、他のすべての役割を取得する準備をしなければならない。もし彼が野球のナインになったなら、……他のすべての人が、プレイを遂行するためになにをしようとしているかを知らなければならない。彼は、これらの役割をすべて取得しなければならない。……こうして、ゲームのなかでは、他者の反応の組み合わせが極めて高度に組織化されているので、一人の態度は、適切な他者の態度を呼び起こすのである。(Mead 1934 = 1995 : 188)

ミードが野球の例を用いて強調しようとしているのは、ゲームが適切にプレイされるためには、それぞれの役割を担った諸個人が自分自身の役割だけではなく、他のポジションすべての役割を全体的に理解していなければならないこと、そして、そうした役割は全体として規則を構成しており、その規則は他者の反応の組み合わせとして存在しているということである。

ミードは、「規則は、特殊な態度が呼び起こした反応の組み合わせである」(Mead 1934 = 1995 : 189)とか、「ゲームの重要性は、ゲームが完全に子供自身の経験の内部にあることであ[る]」(Mead 1934 = 1995 : 197)とも述べている。このような記述のしかたには、「子供は他者の反応を通じて経験的に役割や規則を取得する」という主張が潜在しているのである。

観念的世界の重要性　じつは、ミードの経験主義は、その少し前のアメリカの社会学者C・H・クーリー(一八六四〜一九二九)の理論に対する批判として展開された面がある。クーリーの社会学は、一次集団/二次集団の概念対や「鏡に映った自己(looking-glass self)」の概念で有名だが、もう一つの特徴として、「社会とは観念だ」という意味世界論的社会学を構築した点があげられる。彼は主著『人間の本性と社会秩序』(Cooley 1902)の中で、次のように述べている。

直接的な社会的現実とは個人の観念である。これ以上に明白なことがあるだろうか。したがって、社会とは、その直接の側面から見れば、人々の観念のあいだの関係である。社会が存在するために明らかに必要なことは、人々がどこかで一緒に行動すること、すなわち心のなかでの個人的な観念において一緒に行動することだけである。それ以外に何があるだろうか?(Cooley

1902：86）

これほどあからさまに「社会は人々の観念の中に存在する」ということを述べた社会学者はあまりいない。とりわけ、一九〇二年という早い時期にである。（ヴェーバーの『基礎概念』は一九二〇年だ。）「鏡に映った自己」の概念も、この意味世界論的社会学の一環として提示されたものだ。それは、「自己」というものは、他者からの自己への態度というかたちでの「他者」という鏡を通して成立するものであることを強調しているのだが、その際の「他者の態度」もじつのところは自己の観念に映じたものだと考えられている。それが、「鏡に映った」ということの意味である。

こうした意味世界論的な理論は、どうしても「観念論」とみなされたりそういうレッテルを貼られる可能性がある。観念論というのは、多くの研究者にとっては、「空想的」「非現実的」「主観的」などと同じもののように感じられるものだ。実際、ミードの『精神・自己・社会』には、クーリーの理論が観念論的だという批判的評価を述べた注がある。ミードは、クーリーのような観念論的な理論ではなく、よりはっきりと経験的な理論を組み立てることに大きな目標を置いていた。そして、ミード理論がアメリカ社会学で広く受け入れられていった理由の一つも、そこにある。

経験主義というのは、基本的に方法として間違っていない。誰も文句をつけようがない。ただ、クーリーの理論が観念論だというのは正しくない。また、クーリーが社会を「個人の観念の中にある」としたのに対して、社会をもっと経験的な基盤の上に位置づけようとすること自体は、理論構築の方針としてはありうべきことなのだが、実際にミードがとった方策は、適切だとはいえない。

さきに見たように、ミードは「子供は他者の反応を通じて経験的に役割や規則を取得する」と考えている。広い意味で言えば、「経験的に」とか「他者の反応を通じて」というのは間違いではない。何かについての知識を学ぶのは、何らかの経験（観察、会話、読書など）を通じてであり、そこに他者が関わっているのは確かである。しかし、こうした記述で見落とされていることがある。それは、人間の場合、知識の取得において重要な役割を果たすのは、たんに人々の振舞いや物的な出来事の外面的な観察だけではなく、「言葉を用いた他者からの知識の伝達」だということである。とくに子供が役割や規則を取得するのは、けっして「他者の反応」を通じてではない。

他者の反応を通じて規則を取得するという考えは、行動主義心理学の影響下にある。たしかに、動物をしつけたり芸を身につけさせたりする場合には、しつける人間の側の外面的な反応に頼らざるをえない。怒った表情と声で「ダメ！」と言ったり、優しい態度でご褒美に食べ物をあたえる、というような反応である。人間の子供の場合も、そうした外面的な反応は重要だ。とくに、まだ言葉が理解できないあいだはそうだ。

しかし、しだいに言葉の果たす役割が増していく。たんなる他者の反応ではなく、「何が善い行いで何が悪い行いであるか」「社会はどういう規則からできあがっているか」の知識を伝えられ、それを取得するのである。ここで重要なのが、知識を構成している「諸概念」である。知識はたんなる映像やイメージではなく、諸概念とその「意味」から成り立っている。たとえば、「善い」とか「悪い」という概念がそうだ。「善い」というのは、「石」や「木」のように物的に目に見えるものではない。行いや状態における評価的な性質で、目には見えない。「善い行い」は、行いとしては目に見えるが、その行いの「善さ」は見えないのである。

文法的には似たような概念に「熱い」「冷たい」というようなものがある。これらは物的なものの性質で、やはりそれ自体としては見えないけれども、基本的にさわってみれば分かる。そういう意味で「経験的なもの」である。

それに対して、「善い」「悪い」はけっして経験的なものではない。目で見てもさわっても、たとえ高度な電子顕微鏡や脳内診断装置を駆使しても、けっして観測装置に引っかからないのである。にもかかわらず、「善い」「悪い」という概念は、社会に関するわれわれの知識において、きわめて重要な位置を占めている。

「善い」「悪い」というのは、「熱い」「冷たい」と同じように、あるものの「性質」なのだが、後者のように「経験的な」性質ではない。それは「観念」としてしか存在しないのである。子供が規則や役割を取得するとは、そうした観念の体系を取得することである。そして、その取得においては他者の反応だけではなく、言葉によるコミュニケーションが不可欠なのだ。

野球の場合でもそうだ。子供が野球のルールを知るのは、プレイしながら他者の反応を見てではない。アウト・セーフとは何か、「点」とは何か、等々の諸概念の意味が言葉で教えられるのである。そして、「アウト」「セーフ」「点」なども また、プレイヤーたちの振舞いに物的に内在している経験的な概念ではない。それらはまずもって野球というゲームを構成している観念体系の中にある。プレーヤーたちの個々の振舞いは、その観念体系のもとで「意味づけられ」、識別され、秩序づけられるのである。

ミードの理論に欠けているのは、この「観念体系」の重要性への認識である。

3　自生的秩序論

「いかにして社会は可能か」という問いに図5‒1の枠組みで答えようとする試みは、「自生的秩序論」と呼ぶことができる。これは基本的に、「人々の相互作用の中からおのずから一定の秩序が生まれる」と考える。

普遍的発生論

自生的秩序論はしばしば「歴史的発生論」のかたちをとる。たとえば、「宇宙はいかにして生まれたか」「生物はいかにして生まれたか」というような問いに答えようとするのが歴史的発生論だ。それまで存在しなかったものが、存在しない世界の中からいかにして存在するようになったのかという問題に答えようとするものである。

人間社会の場合も、「それまで社会が存在しなかったところから、いかにして社会が存在するようになったか」という問いを立てることができる。もっとも、人間社会について厳密に歴史的発生論のかたちで研究を進めているのは、現在の人間を研究している学問ではなくて、考古人類学や霊長類の研究である。たとえば、「チンパンジーのあいだの協力行動はどのようにして発生するか」を実験的に研究したり、「ネアンデルタール人に、死者を弔う習慣があったか」を研究したりするのがそれだ。しかし、社会学のように主として今日の人間社会を研究する学問は、かならずしも社会の歴史的発生問題を主題的に探究するものではない。

しばしば歴史的発生論と混同して考えられているけれども、それとは異なる「普遍的発生論」というべき一群の探究がある。これは、宇宙や生物や人類のように、過去、歴史的に一回だけ起こった「発生」（＝創造）を問題にするのではなく、いつでもどこでも起こっている（と考えられる）ような「発生」を問題にしている。たとえば、環境問題を解決するために一定の協力行動が必要だというのはだれでも知っていることだが、そのような問題関心のもとで、「いかにして協力行動は可能か」という一般的な問いを探究する研究がある。これは、それまで人類の歴史の中で協力行動というものがなかったところから、どのようにして初めて協力行動が生じたか、という問いではない。そうではなくて、ごく一般的に、それまで協力行動が成立していない社会状況において、どのようにしたら協力行動が生まれてくるかという、非歴史的な問いである。

いつでもどこでも起こりうることを説明したり理解したりする上で有効な一般的な理論的知識を探究することは、歴史的に一回だけ起こったことを説明したり理解したりするためにも役立つかもしれない。たとえば、人類の発生ということそのものは一回限りのことだが、それを考察する上で、一般的な生物進化や遺伝についての知識が必要不可欠なことはいうまでもない。あるいは、生物の発生という問題にとって、いかにして自然的状況の中でアミノ酸が合成されうるかの研究が重要であることも事実である。しかし、そうした密接な関係性にもかかわらず、一回限りの発生についての問いと非歴史的な発生についての問いとは、依然として異なる問いである。その証拠に、生物の発生や人類の誕生についての問いは、生物学や分子生物学の著しい発展にもかかわらず、依然として大きな謎として残っている。

人間社会についても、同じことが言える。

いかにして規範が生じるか　社会学では、「社会はいかにして可能か」という問いの一つのバージョンとして、規範や制度がいかにして成立するかという問題を探究してきた。その代表的な理論的な試みとして、P・M・ブラウ（一九一八～二〇〇二）の交換理論（Blau 1964）やJ・S・コールマン（一九一四～一九九二）の規範生成論（Coleman 1990）を挙げることができる。両者とも、それまで規範が存在しないところに、人々の相互作用を通じて、いかにして規範や権力が生成されるかを論じているのである。

しかし、こうした問題の探究では次の二点に注意しなければならない。

① 規範がいかにして発生するかという問いに答えるためには、あらかじめ「何が規範か」が明確になっていなければならない。

② そもそも規範の発生論というのは、規範のないところから規範がいかにして発生するかという問いである。したがって、この問いへの答えにおいて、「すでに規範が存在すること」を前提にしてはいけない。暗黙のうちに規範の存在をあてにした答え方は論点先取になってしまう。

残念ながら、ブラウもコールマンも、これらの問題をうまくクリアーできていない。

ブラウの理論は、交換における「互酬性」とその破れとに関するロジックからなっている。かれは、人々の相互作用は一種の交換であり、そこでは「相手から何か価値あるものを与えられたなら、それと同等に価値あるものを返さなければならない」という「互酬性の原理」が働いているとする。そして、もしも互酬的なお返しができない場合、そこに負い目が生じ、そこから権威や権力が発生してくるというのである。たとえば、職場の同僚から仕事の遂行に関して日常的に何らかの助言を一方的に受けるだけの関係が続くと、自分はおのずからその同僚に権威や権力を付与するようになる、という。

ブラウは互酬性の原理がどこから来たのかは説明していない。かれは、互酬性の原理を一種の無意識の前規範的な心理的傾性のように考えている。

話はややずれるが、日本ほど互酬性の原理が日常生活にしみこんでいる社会はないのではないだろうか。冠婚葬祭のときの「ご祝儀」と「引き出物」、「恩」と「義理」、「中元」や「お歳暮」など、かならずしも互酬的なものばかりではないが、非常に発展した贈答文化は、まさに「贈り、贈られる（答）」関係の文化なのである。たとえば、バレンタイン・デーそのものは、聖バレンタインの一方的な慈善行為を模したキリスト教文化起源のものだが、それにかこつけて「ホワイトデー」なるものを考えついたのは、日本のオリジナルである。

それはさておき、日本に限らず、互酬性の原理が日常生活に重要な役割をはたしていることはまちがいない。そして、その一部が心理的なものであることも、おそらく事実だろう。しかし、互酬性というのはやはり規範的な原理だ。互酬性の規範があるからこそ、人々は他人からの恩恵に対して何らかのお返しをしなければならないという状況に置かれるのである。それなのに、あたかも、規範的なものが何もないところから相互作用を通じて規範や権力が生まれてくるかのように論じるのは正しくない。

コールマン理論

コールマンの晩年の大著『社会理論の基礎』（1990）は、まさに「秩序問題」に正面から取り組んだものである。彼は、方法論的個人主義にのっとりながら、ミクロ水準からマクロ水準への移行を説明する理論を構築しようとした。ミクロ水準というのは、個人の行為と複数の個人のあいだの相互作用のレベルのことであり、マクロ水準というのは規範、制度、あるいは権力などの現象のことである。コールマンははっきりと、自分は「規範によって制約されず、純粋に利己的であると想定される人物を要素として扱う行為理論から始める」（Coleman 1990 = 2004 : 60）と宣言している。つまり、規範的なものが何もない状態から出発して、いかにして規範的なものが生成してくるかの理論を打ち立てるというのである。

コールマンが利用しているのはゲーム理論を中心とする合理的選択理論である。合理的選択理論というのは、諸個人はそれぞれの行為を合理的に選択するという仮定から出発して、その結果として、どのような社会状態が生まれるかを考察するものだ。

ここであらかじめ注意しておくと、「合理性と利己性」および「合理性と規範性」についてはしばしば誤解がある。個人行為の合理性というのは、「何らかの目的が与えられたとき、個人はその目的の達成にとって、自らの知識に照らしてもっとも適切な手段となるような行為を選択する」という原理である。このとき「その目的がいかなるものか」「目的がどのようにして与えられるか」「どのような知識を持っているか」などは、合理性にとっては偶有的である。すなわち、どんな目的を抱いているかや、どんな知識をもっているかは、合理性の構成要素ではなく、合理性にとっては所与の条件だということである。たとえば喫煙者が旅行するときに「煙草の吸える部屋を選ぶ」というのは十分に合理的な選択である。ここで他人が「喫煙は合理的ではない」と言うのは、いわばおせっかいだ。おせっかいな政治家や役人の中には「喫煙は健康に悪いからやめるべきだ」と言いたがるけれども、「健康」をどの程度重視するかは個人の問題である。つまり「健康」と「喫煙」のどちらをどう重視するかという選好のありかたについてまで、「合理性」の原理が介入することはない。

また、この旅行者が「喫煙可」に加えて「料金」と「場所」を条件にインターネットで申し込んだホテルが、現地に着いてみると汚れてひどいにおいがしたとしても、彼の行為選択は合理的である。インターネットの情報の中にはにおいや清潔度のデータはなかったのだが、かれは利用可能な全知識を動員して選択したのである。もしも「知っていないことまで知った上で選択するのが合理的なことだ」と考えるとすれば、人間には永遠に合理的選択はできないことになる。なぜなら、誰の知識もすべて有限で偏っていて不完全だからだ。人間には不可能な神のような「合理性」の概念に基づいて理論を組み立てようとしても意味がない。理論家自身が神ではないのだから。（なお、行為者の「合理性」が完全ではないことは、一般に“Bounded Rationality”（限界合理性）と呼ばれているが、これはあたかも行為者には「bounded されない合理性」も存在しうるかのような表現になっていて、ミス・リーディングである。）

整理すると、①個人の選好や目的は何であっても構わない、②個人が完全な知識をもっているとは想定しない。この二つの前提が、合理的選択理論において想定している「合理性」の枠組みをなしている。

ここから次のことが導かれる。まず、ⓐ個人の目的は利己的なものとは限らない。利己的とは、個人の目的にとっては他人の置かれている状態がいっさい無視されていることを言う。合理性はそうした利己性と同じものではない。多くの人は、身近な他人の境遇も自分のことのように考えている。家族が喜ぶ顔が見たいとか、社会に貢献する人物になりたいとかというのも立派な目的であり、そうした目的のもとでの合理的な行為というものがある。

次に、ⓑ現実の世界では、個人の目的には「規範的なもの」がすでに含まれている。たとえば「プロ野球の選手になりたい」というような目的は、プロ野球という制度があること、そこで活躍する選手は高額の金銭的報酬と名声を得ることができるという社会を前提にしている。それはすでに規範的なものである。あるいはさらに具体的に「ここでは犠牲フライでランナーを帰したい」という目的は、「チームの勝利に貢献すべし」という規範を前提にしている。野球に限らず、われわれの日常生活はさまざまなところで規範的に形作られている。実際上は、そこから完全にフリーになることはできない。

制御権としての規範

コールマンの目的は、「規範のないところからいかにして規範や権力が生まれてくるのか」を解明することなのだが、この課題にはよほどの注意深さが必要である。なぜなら、現実世界ではすでにいたるところに規範があり、人々の選好は規範的に形成されているからである。そこに「規範のない世界」というものを抽象的に設定しなければならない。それが理論構築の出発点になる。しかし、実際に理論を作っていこうとすると、推論の過程で規範的なものを暗黙のうちに前提にしてしまうことが起こりやすいのである。

コールマンは「規範」を次のように定義する。

> ある特定の行為に対して規範が存在するのは、社会的に定められるその行為の制御権を当の行為者が保有しているのではなく、他の人々が保有しているときである。(Coleman 1990：243 = 2004：374)

ここでのポイントは「制御権」という概念である。「制御権」というのは「権（right）」であるから、それ自体「規範的なもの」である。制御権があることと制御が行われていることとは違う。たとえば、私がD・H・ロレンスの『チャタレイ夫人の恋人』を図書館で借りて読みたいと思ったとする。図書館に借りに行ったけれど、すでに誰かが借り出していて読めないというのは、たんなる制御である。それに対して、図書館で有害図書扱いになっていて貸し出してくれないというのは、制御権である。あるいはより内面的に『チャタレイ夫人の恋人』は読んではいけないという規範意識が読むことを抑制させるのも、コールマンの意味で制御権である。

コールマンが主として用いているロジックは、「負の外部性を伴う行為」に対する社会の制御権がいかにして成立するかである。外部性というのは、ある人の行為が他の人の利益に影響を及ぼすことをいい、負の外部性というのはマイナスの影響、つまり損失をもたらすという性質のことだ。ミルの「危害原理」において、「他人にも関わること」が「外部性」のある行為に対応すると考えていい。環境問題が有名だが、犯罪行為もそうだ。

コールマンは、負の外部性をもった行為への制御権が成立することをもって規範の成立だと考える。そして、これを需要と供給の面から考える。個人間の自発的な取引（相互作用）だけでは、有効な制御が生まれないときに、規範への需要が起こる。つまりは、放っておいたら負の外部性をもった行為が制御されないばあいである。

他方、供給は次の二つの条件で起こる。

一つが、「二次のフリーライダー問題」が解決されることである。フリーライダーとは、公共財の供給において、「他人が公共財を供給してくれるのであれば、自分の利益を犠牲にしてまで自分がそうする必要はない」と考えて、誰もが公共財を供給しないという問題である。環境問題で言えば、「環境に害となる行為をしない」ことが公共財の供給であるが、個人の利害だけからは自発的にはそうした行為をしないという選択が起こらない。それがフリーライダー問題である。

これに対して、「公共財の供給をしない行為」、言い換えれば「負の外部性をもたらす行為」を罰することで、この問題を解決できる可能性がある。罰するしくみが確立されていれば、人々は罰をおそれて負の外部性をもたらす行為を控えるようになるからである。

ここで生じるのが「二次のフリーライダー問題」である。これは「一次のフリーライダーを罰する」という行為もまた、フリーライダー問題にさらされていることを意味している。というのは、「罰する」行為はそれ自体として自分の利益になる行為ではないからだ。

現実社会では、罰することで一定の秩序が維持されているのは珍しくない。スピード違反の取締り、脱税の摘発、全体主義国家における密告、などがそうした例だ。しかしこれらはいずれも前もって「何が規範であるか」の観念と逸脱した行為を取り締まる権力システムとが社会的に確立している。これはコールマンの問題の解決にはならない。コールマンは「規範のないところ」を出発点にしているからである。

合理的選択理論の枠組みで規範の生成を説明しようと思ったら、二次のフリーライダー問題が解決されるしくみを示さなければならない。これがコールマン理論のもっとも核心的な課題である。

ところがコールマンはこれを達成できない。二次のフリーライダー問題が解決されるしくみを示す代わりに，かれは，ネットワークが密な閉鎖的な社会であれば逸脱を罰する行為が起こりやすいこと，英雄的な行為者やゴシップなどによって，逸脱への罰が加えられうることなどを指摘する。しかし，どれも二次のフリーライダー問題の解決を示すものではない。しかも，ゴシップや逸脱への罰というのは，そのどれもが暗黙のうちに「規範意識」を前提にして起こるものだ。たとえば電車の中で携帯で話している人に注意するのは英雄的行為であるが，そうした行為が起こりうるのは「電車の中で携帯で話をしてはいけない」という規範意識をその人がもっているからだ。

合理的選択理論の限界

結局，「規範意識のあること」が最大の条件になる。コールマンはこれを「規範の内面化」と呼んでいる。コールマンの枠組みである「二次のフリーライダー問題」の観点からしても，規範が内面化されるかどうかがもっとも重要だということに，コールマンも気づく。問題は，規範の内面化ははたして合理的選択理論の枠組みで説明できるだろうかということだ。ここでコールマンは，「規範が内面化される過程を考察することは，合理的選択に根ざす理論に水を差すことになる」とか「合理的行為にもとづく理論が持っている通常の限界を超えてしまうという危険は承知している」（Coleman 1990 = 2004：459）などと断りながら話を進めていっている。つまり，「規範の内面化」という現象は，合理的選択理論の枠組みにはおさまらないことを認めざるをえないのである。

もし，規範の内面化，すなわち「そもそもいかなる行為が規範的に望ましかったり望ましくなかったりするか」についての意識が成立することが，合理的選択の枠組みで説明できないのであれば，規範の生成を説明することもできないことになる。規範のないところから出発して規範がいかにして生成されるかを合理的選択として説明するというプロジェクトは頓挫することになる。それが真実だ。ただしコールマンは必ずしもすなおにそれを認めるわけではない。あくまで合理性に固執して、次のように述べる。

問題は、どんな条件下において、内面的な裁可行使システムの方が外部からの監視を維持するよりも効率的なのか、ということになる。（Coleman 1990 = 2004 : 461）

ここでは、内面的な規範意識と外的な監視システムとが比較対照されている。しかし、無意識のうちに問題のすり替えが起こっている。内面的な裁可行使システム（すなわち、規範の内面化）と外部からの監視の「どちらが効率的か」という問題は、個人の合理的選択の問題ではなくて、「社会としての効率性」の問題である。内面的な裁可行使システムにしても外部からの監視にしても、個人が選択するものではない。ほんとうに合理的選択理論の枠組みをつらぬくのであれば、まずは規範意識を内面化することとそうしないことと、どちらが合理的かを問わなければならないだろう。自分にとっての選択が合理的かどうかを論じなければならないのである。

しかしコールマンはそうしない。個人の選択ではなくて、社会の選択を「社会にとってどういう戦略が効果的か」という観点から論じていくのである。これは、いわば社会としての合理性の問題である。社会の制度を設計するという課題にとっては、この観点は有効であろう。しかしこの観点は、人々の合理的選択の結果として自生的に秩序がつくられるという観点とは対立している。

コールマンは知らず知らずのうちに、個人の合理的選択の枠組みを超えて、社会の合理的な設計の観点に移行している。こうなったのは、結局のところ、個人の行為選択を最終的に規定している内面的な規範意識というものは、個人レベルの合理性の観点からは説明できないからである。

自生的秩序論は、人々の相互作用の中から自ずから一定の秩序が生まれてくると論じるものだ。相互作用を広くとれば、これは間違いではない。どんな秩序にしても、人々の相互作用を通じて生み出されたものであることに間違いないからだ。何か、人間の外にある存在が命じたり設計したものではない。

しかし、もしも自生的秩序論が「規範のないところからいかにして規範が生じるか」を説明しようとする理論であるとすれば、コールマンに限らずそれはこれまで失敗してきているし、失敗を運命づけられているといわざるをえない。これは少なくとも「生命のないところからいかにして生命が生じるか」「人間でないものからいかにして人間が生まれたか」を論じるのと同じくらいの難問である。そして、「言語のないところからいかにして言語が生じたか」と同じタイプの難問である。

こうした問題にアタックすることはけっして無意味なことではないが、簡単に答えが見つかるはずのものでないことは明らかだ。答えだと思って提示されたものはだいたい間違っている。

規範の問題に戻っていえば、もっとも重要なポイントは、「規範」というものの特性にある。それは、石や木のようなモノとは違うだけではなく、「相互作用」ともまったく異なる性質のものなのだ。相互作用の一定部分は経験的に目に見える形で存在するが、「規範」は、人々の思念の中にしか存在しない。それは、われわれの内部から律する。コールマンのように「社会の側に制御権があるのが規範だ」と考えるのは完全に間違いだ。制御権という言葉で考えたとしても、その制御権を最終的に認めているのはわれわれ自身なのだ。われわれ自身が是認していないような制御権はたんに権力的な抑圧でしかない。それは、規範ではなく、脅しによる制御なのである。

規範で明らかなように、社会的世界を形作っている根底にあるのは、われわれの主観的な「意味世界」である。意味世界とは、観念世界と言ってもいい。ただ、観念世界というような表現は嫌われる傾向がある。それは「観念論」であったり「主観主義」であったりと非難されることが多い。こうした非難が起こるのは、それらが「客観的なもの」や「社会的なもの」あるいは「共同的なもの」の対極にあると思われているからだ。言い換えれば、社会的なものや共同的なものを基礎づけるのは、主観的なものを超えたより客観的な何かでなければならない、という無意識の前提が働いている。

しかし、真実は逆である。人間社会の共同性を成り立たせる基底にあるのは、人々の主観的な意味世界なのだ。そのことを明らかにするのが社会学の第一の課題である。

第6章　階級と権力の意味的秩序

階級と権力はともに、社会の「客観的な構造」を構成するものだと考えられてきた。それは、マルクス主義だけではない。しかし、そもそも、社会を一元的に区分するものとしての諸階級は、どこにも経験的に見いだすことができないのである。マルクス主義における搾取の理論も歴史的主体としての階級観も、理論的および実証的な妥当性を欠いている。

本当のところは、階級にしても権力にしても、人々によって「意味的」に構成されるのであって、通常の意味で「客観的」に存在するのではない。高田保馬は階級を「勢力」で根拠づけようとしたけれども、勢力もまた意味的に構成されたものなのだ。そしてブルデューは、せっかく象徴権力という言葉を使いながら、結局は「客観的」な階級や権力の存在を前提にしている。

1　階級とは何か

階級的秩序

秩序問題への問いは、当然のことながら「社会秩序とは何か」の問いを含んでいる。どういうものが「秩序」であるかが明らかでなければ、「秩序はいかにして可能か」という問いに答えることはできない。

多くの社会学者は誤解しているが、じつを言えば「何が社会秩序か」という問いへの答え方は無限にある。一義的に決まっているわけではない。たとえばパーソンズのように「規範に従って生起している社会状態」のことを社会秩序だとみなしてもいいし、そうではなくて、暴力的な争いのない平和な状態のことが社会秩序だと考えることもできる。（戦争法規があることから分かるように、「規範に従った戦争」というものがありうる。）

こうした中で、社会秩序をもっぱら権力的な秩序あるいは階級的な秩序としてイメージすることも少なくない。権力のはたらきによって生成している社会状態が権力的秩序であり、階級的な不平等で構成されているのが階級的秩序である。もっとも、権力とは何か、階級とは何か、ということが十分に分かっているわけではない。基本的にはただ漠然と考えられているだけだ。

むろんそれらについての理論的探究は多いが、ここでもっとも大きな問題は、多くの論者たちが、権力や階級を「実体的なもの」あるいは「基底的なもの」とみなしていることである。つまり、それらは人々の主観を超えた「客観的」な社会的事実として存在していると想定されている。というのもフランス革命や産業化を通じて、社会は地主、小作人、工場労働者、自営商工業者、資本家などの異なる「階級」で構成されているという見方が常識化し、社会学もそれを当たり前のように受け入れる傾向があったのである。

まずは階級から考えてみよう。「階級が存在する」というのは、多かれ少なかれ社会学にとっての常識のようなものであった。むろん、マルクス主義がその中心にあるが、マルクス主義に限らない。

他方、現実の社会を見ると、そこにはさまざまな不平等や差別が厳然として存在する。日本で言えば、収入のない路上生活者が寒風の中を段ボールと汚れた布団だけでしのいでいるのに対して、タワー・マンションの上方階の暖かい部屋から東京湾の夜景を眺めて暮らしている人もいる。職場では正社員の管理職と一般従業員のほかに、契約社員、派遣社員、有期雇用、パート、アルバイトとさまざまな身分で差別化されている。こうした状況を見て「階級がある」と思わない人はいないかもしれない。

もっとも、専門的な社会学者の中には、理論的な理由から、「階級」は存在しない、あるいはすでに消滅したと考える人も少なくない。たとえば、社会学の理論雑誌の一つ *Theory and Society* で一九九六年に「階級」に関するシンポジウムとしていくつかの論文が掲載されているが、その中の「先進社会における社会階級の再形成と解体」と題する Pukulski と Waters との論文は、「経済的関係とくに所有と生産を基礎とする関係が、集団のメンバーシップ、アイデンティティ、および集団間の対立を規定するものとして重要ではなくなってきたこと、そして集団形成のパターンや社会政治的な裂け目がシフトしてきたこと」をあげて、「階級メカニズムの根本的な解体」を主張している（Pukulski and Waters 1996：668）。むろん、同じ号の中で、階級理論家として有名なＥ・Ｏ・ライトなどは、依然として階級分析は重要なのだと主張している。（これについては、原・盛山〔1999〕の第６章を参照。）

一方では階級の存在が自明視され、他方では階級は存在しないと主張する人がいる。この違いはどこから来ているのだろう。

ポイントは当然のことながら、「階級」という言葉で何を意味するかにかかっている。もしも「階級」という言葉で一般的な収入や生活水準の格差を意味するのであれば、そうした格差が存在していることは間違いないのだから、階級が存在することに疑いを挟むことはできない。しかし、社会学の専門的な議論で、階級をこのようなたんなる格差の意味で用いることは少ない。

階級の概念

階級が具体的にどうなっているかは別にして、社会学で階級の語を用いているとき、それは一般的に次のような特性を持つものだと暗黙裏に想定していることが多い。

【「階級」の概念特性】

① 唯一性。社会に存在する階級は一意のもので、そのただ一つの階級区分のみが存在する。
② 全域性。社会の成員はすべてどれかの階級に属す。
③ 一義性。任意の個人はただ一つだけの階級に属す。
④ 斉一性。どの階級に関しても、人々は同一の論理によってそれぞれの階級に所属する。
⑤ 安定性。個人の階級所属は安定的である。
⑥ 基幹性。個人がどの階級に所属するかが、個人のさまざまな生活機会や諸行為、態度および意識に大きく影響する。

説明はいらないかもしれないが、この六点のうち、①~④を結びつけると、「社会のすべての人々は相互に排他的な諸階級に分断されている」という含意が導かれる。階級理論とは基本的にそのように考えるものだ。しかし、「社会が諸階級に分断されている」という想定はかなりきつい。たんなる不平等であれば、それが存在することは自明のことだ。あるいは、人々がさまざまな集団や地位身分に分かれて所属していることも事実である。しかし、そうした不平等や集団区分が、上の①から⑥までの性質を持っているとは限らないのである。

とくにマルクス主義のばあい、「階級」にはさらに強い意味が付与されていた。マルクスとエンゲルスの『共産党宣言』(1848)は、「すべての人類の歴史は階級闘争の歴史であった」と高らかに宣言している。その趣旨は、次の三点にまとめることができる。

ⓐ人間社会の根本的な秩序原理は階級支配である。ⓑ社会の歴史的変遷は階級支配の構造の変化として捉えられる。ⓒそうした歴史的変遷そのものが階級のあいだの対立と闘争によって引き起こされる。

ここまで強くなくても、上の概念特性のうちの⑥だけからでも、ある社会の政治的権力構造、政治的意思決定、政治的対立、政治運動、政治意識、選挙、政党、等々の政治過程の基盤にあるのは「階級」だということになる。政党は階級を基盤として結成されており、政治とはそれぞれの階級の利害がぶつかり合い、妥協や調整を経ながらもあくまでそれぞれの利害を追求しようとする競技場だということになる。ちょうど、原子や分子が物質の基盤にあって、その反発力や結合が世界を作っていくように、階級が社会の基盤にあって社会を作っていくのだと考えられているのである。

こうした階級観は「主体としての階級」と呼ぶことができる。主体としての階級は、当然のことながら実体的で客観的なものでなければならない。

しかしここで問題が生じる。実体的で客観的なものだとなると、それは経験的な観測によって捉えられるはずである。「原子」というものは古代ギリシャの自然哲学の段階ではたんなる推測や仮説にすぎなかったのだけれども、二〇世紀の初めになると、それなしでは物理化学が成り立たなくなるほどの実在感をもつようになり、その後、電子顕微鏡やＩＴ技術の発達によって、おぼろげながらもその影像らしきものを直接に見ることができるようになった。それと同じように、「階級」もやがて観測によって確かめられるはずであった。

ところが、実際はむしろ逆であった。次のように、「階級」はしだいに疑わしいものになっていったのである。

① ロシア革命とそれに続くソビエト社会主義連邦共和国の成立、そして一九三〇年代の大恐慌とによって、いったん「階級」の存在は著しく信憑性を増した。世界の知識人たちはこぞってマルクス主義の信者になった。しかし、第二次世界大戦後、先進社会の経済は順調に発展していき、その中で、階級運動や労働運動はしだいに弱体化し、「階級」の存在感は薄れていった。

② 経済の発展に伴って、新中間階級（new middle class）と呼ばれるホワイトカラー層の人々が増えてきた。「中間」階級という呼び方から分かるように、ホワイトカラー層には階級対立や階級区分を曖昧にしたり和らげたりする意味合いがある。

③ 一九六〇年代以降になると、女性の雇用労働力化、いわゆる社会進出が顕著に増加してくるが、これは「階級」の概念に深刻な問題を投げかけることになった。というのは、上の①〜⑥の概念特性に加えて、「階級」には「稼得方法の基底性」と「世帯員の同一性」とが暗黙のうちに前提されていたからである。稼得方法の基底性からすれば、女性が外で働いて所得を得るようになれば、その人の階級はその人の稼ぎ方、つまり職業によって決まることになる。しかし、もしもそれが夫の職業と異なっていたらどうなるだろうか。世帯員の中に異なる階級に属す人がいることになってし

まう。

以上の変化は、階級そのものの変化というよりは、階級の概念に関わる人々の意識や問題状況の変化である。「階級」の変化は、かりに階級が存在したとしても、直接的に観測できるものではない。ただ、上の変化は、「階級が存在する」という前提の信憑性を揺るがすような現象なのである。

じつは、逆のこともいえる。人々は「階級」を観測していなくても、ある社会現象を観測することで、そこに「階級」が存在するかのように考える傾向があるのである。

たとえば、労働運動は多くの国で「階級」の存在の証しであるかのように捉えられてきた。激しい運動があれば、それだけ「階級」の存在が眼にみえてくる。イギリスの社会学の方がアメリカの社会学よりも「階級」概念を使用する傾向が強いのも、そうした背景によるところが大きいだろう。しかし、逆に、労働運動が衰退してくれば、その分、階級の存在も疑わしくなってきてしまう。それに加えて、ホワイトカラーや女性の経済的進出は、人々が相互排他的な「階級」に分断されているという想定に疑問を付すことになる。

いずれにしても、今日の社会学で、「階級理論」が正面から展開されることはほとんどみられなくなってしまった。

マルクス主義と搾取の理論

「階級」概念を理論的に定立することをめざした最大のプロジェクトはいうまでもなくマルクス主義であった。それは階級を「生産関係上の位置」によって定義する。具体的には、「経済システムにおいていかなる生産資源をもって参画しているか」によって区分され、資本をもって参画する資本家、労働力をもって参画する労働者、そして土地をもって参画する地主の三大階級があるとする。

マルクス主義はこれに加えて「労働価値説」にもとづく「搾取の理論」を用意している。労働価値説というのは、「商品の価値は、生産に要した労働の量によって決まる」とする説で、もともとはマルクス主義に限らず広く経済学全般に受け入れられていた考え方である。萌芽的には、イギリスの啓蒙思想家であるJ・ロック（一六三二〜一七〇四）にまずみられる。かれは、私有財産を基盤とする自由人からなる市民社会を構想する政治哲学を打ち立てたのだが、その際、個人の生産活動（＝労働）の結果として生じる生産物は彼自身に帰属するというかたちで私有財産を根拠づけた（Locke 1690）。その後、経済学の祖といわれるアダム・スミス（一七二三〜一七九〇）が『国富論』（1776）で労働価値説を経済学の基盤においた。国富論でアダム・スミスがもっとも強調したのは、国の富（wealth of nation）というものは、どれだけ金銀財産を大量に保有するかにあるのではなく、労働の投下によってどれだけの生産物を生産するかにある、ということであった。ここで生産物の価値は労働によって生じるという労働価値説が提示されたのである。

マルクス（一八一八〜一八八三）の新しさ（むろん、多くの中の一つだが）は、この労働価値説を用いて「搾取の理論」を打ち立てた点にあった。[1] 資本主義的生産においては、生産物を売って得られた総売り上げから原材料費を支払って残る「粗利益」は、資本家、労働者、そして地主に分配される。資本家は株の配当のような資本収益を、労働者は賃金を、そして地主は地代を受けとる。（「階級」かどうかは別にして、生産の利益が異なる種類の人々に分配されるという想定には、とくに問題はない。）ここでマルクス主義は、この生産において、実際に労働を投下しているのは労働者だけだという点に注目する。働いているのは労働者だけなのに、粗利益の一部は資本家や地主にも分配される。それは不当なことであり、そこには搾取が存在しているというのである。

搾取の理論は、階級対立を説明する上で、不可欠のものだ。たんに、人々が生産関係上の異なる位置にいるとか、異なる職業に就いているということだけでは階級対立を導き出すことはできない。それだけだと、有機的に組み合わさった分業だとみなすこともできるからだ。階級対立は利害の対立である。利害の対立は、一方が利益を追求しようとすれば、他方の利益が損なわれるという、ゼロサム的な状況において起こる。ただし、それだけでもまだ階級対立にはならない。親の遺産をめぐって兄弟姉妹が争うときもゼロサム的対立が生じるが、それは階級対立ではない。「階級対立」というためには、利益の分配が構造的な不平等を帰結していなければならない。それには「低い階級の人々が貧しいのは、本来得るべき利益が搾取のために不当に損なわれているからだ」という搾取の理論がもっとも有効なのである。

しかし、労働価値説にもとづく搾取理論は失敗している。そのことは、今日ではマルクス主義的な学者でさえ認めている。

なぜ、失敗なのか？

第一に、生産物の価値を説明する理論として、労働価値説ではなく限界効用説の方がより適切な理論として確立されたからである。労働価値説は一九世紀の半ばまで経済学の正統派理論であったが、その困難も気づかれていた。たとえば、労働をいくら投下しても売れない商品の価値はゼロに等しいのに対して、それほど労働を投下しなくても非常に高い価値で売れる商品がある。こうしたありふれた現象を労働価値説は説明することができない。

むろんここで「ほんとうの価値は、いくらの値段で売れるかではない」と考えることもできる。しかし、その「ほんとうの価値」を経験的データで確かめることができないのであれば、たんなるイデオロギーにとどまってしまう。

マルクス主義とは異なる形で「階級」を理論化する試みもあれこれと存在する。しかしそれらはマルクス主義ほど理論的に精緻なものではない。たとえばヴェーバーは『経済と社会』(1920)の中で、階級を身分や政党と関連づけて説明し、階級を市場階級、営利階級、および社会階級に分けて説明しているが、統一的な説明理論が示されているわけではない。これをヴェーバーの階級理論と呼ぶとすれば――実際そう呼ばれているのだが――、その特徴は、階級の多元性とその中での身分的なもの、名誉や評価、の強調にあるといえる。アメリカではこの「身分」が「地位(status)」と訳されて流通したために(英語には、「身分」を表す言葉が存在しない)、ヴェーバーの階級理論は社会的な階層的地位の理論だと思っている人が多いが、それは違う。ヴェーバーの「身分」はまさに「身分」であって、経済的にではなく、法制的あるいは慣習的に制度化された人々の序列構造であって、たんなる地位ではない(2)。

それはともかくとして、ヴェーバーの階級理論は階級間の利害対立が生じることは認めているが、対立が必然だとはいっていないし、利害対立が生じる必然的な構造メカニズムがあるともいっていない。

2　高田保馬の階級と勢力

勢力説

もうひとつ、日本の高田保馬（一八八三〜一九七二）の理論を紹介しておこう。高田保馬は社会学者としてだけでなく経済学者としても有名な人だが、残念ながら国際的にそれほど知られている学者ではない。しかし、日本には珍しく、みずから独自の理論を精力的に構築した人である。高田の理論は「勢力学説」として知られる。階級を論じた代表著作のタイトルが『階級及第三史観』(1925)とあるように、みずからは「第三史観」と名づけているがこれは唯心論史観でも唯物史観でもない、第三の史観だという意味である。一部に「人口史観」と呼ぶ傾向があるが、これは正しくない。彼にとって、人口の変動は社会の変化の表れであって、その基底要因ではないのである。

高田の社会学者としての仕事は若いときに集中している。その大きなテーマの一つは、マルクス主義に対抗し、それにとって代わる社会理論を構築することであった。したがって、当然のことながら、階級に焦点がおかれている。高田からすれば、マルクス主義は生産力史観であり経済決定説である。それに対して高田は、経済現象を超えたより包括的な「勢力」というものを想定し、その大きさや種類の違いによって階級が分化すると考えるのである。

高田の勢力説は、そのきわめて原子論的な方法論的個人主義と表裏一体となっている。方法論的個人主義というのは、「社会現象は、諸個人の属性や行為から成り立っており、そうした個人的なものから社会現象を説明する」という立場である。たとえば、三〇代半ばで著した主著である『社会学原理』

（1919）には、次のようにある。

社会構成の根本原理如何。……欲望の平行これなり。（高田 1919：177）

「欲望の平行」というのは、人々が共通の意思をもっていることを言う。高田は、社会を形成する人々の結合の根底にあるのは、人々の意思が共通であることだと考える。そして、欲望には「群居の欲望」と「力の欲望」とがあるという。群居の欲望というのは、いうまでもなく共同社会をともに構成しようとする意思のことである。他方、「力の欲望」というのは、社会の中で己れ個人の利害を追求しようとする意思のことである。力の欲望は、ホッブズの想定した個人観や合理的選択理論の前提と似ている。高田は、社会が進化するにしたがって、群居の欲望よりも力の欲望の方が優位になり、それによって「基礎社会の衰耗」が起こると考えている。したがって、最終的には、社会は個人主義的な力の欲望にもとづいて形成されることになる。

このあたり、そう明示していないが、テニエスの『ゲマインシャフトとゲゼルシャフト』（1887）から得たと思われる着想が見られる。

一般に、階級理論の第一の課題は、「何が階級を構成するか」に答えることにある。というのも、「階級」はけっしてただちに眼で見えるようなものではないからである。このことは、階級を信じている論者であっても分かっている。この問いについて、マルクス主義は「生産関係における位置、具体的には、どういう生産手段を所有しているか」だと答えた。それに対して、高田の階級理論の基本は、階級が

「社会的勢力の類似」によって作られると考えるところにある。高田は、階級という曖昧なものを「勢力」でより明確に概念化できると考えたのかもしれない。しかし、「勢力」というものも、きわめて漠然とした概念である。

勢力の概念

勢力とは何かについて、高田は一九四〇年の『勢力論』で詳細な理論を展開しているものの、結局は失敗した理論だと言わざるをえない。このころの高田は経済学者としての活動が中心で、その経済理論にも勢力説を取り入れて展開していた。しかし、そのころ高田に私淑していた安井琢磨や森嶋通夫（いずれも、のちに戦後日本の経済学を代表する世界的な学者になる）などからも、勢力説へは疑問が示されていた。

勢力説の何が問題かと言えば、「勢力」の概念は（あとで述べる）「権力」と同様に、ほんとうは説明項ではないにもかかわらず、あたかも諸現象を説明する能力をもった概念であるかのようにみなされていることである。つまり、「勢力」という実体が存在して、それが社会を動かしているという想定である。もしほんとうに「勢力」が実体として存在するなら、この理論は正しく有効だろう。しかし、そうではない。

勢力説は化学における「フロギストン説」に似ている。フロギストンというのは、燃焼を説明するのに思いつかれた物質で、ものが燃えるのはその物体からフロギストンという燃素が放出されるからだと考えられたのである。あるいは、あえていえば「神」の概念に非常に近い。万物の創造主であり、世界を動かしている究極の存在である「神」。われわれは、さまざまな自然界の出来事や人間の運命の背後にしばしばそうした神の意志を想定する。「勢力」という概念は、それに近い。

勢力あるいは権力は、論者によってさまざまに定義されているが、高田保馬はそれを「服従せらるる能力」だと定義している。現代文になおせば、「服従される能力」である。

この表現は少し奇妙だ。「能力」は能動的な性質である。それに対して「される」というのは受動的なものだ。能動と受動が混じり合っている。勢力を有する人は、他人から服従「される」能力をもっていることになる。「される」というと、「される」側の方が受け身であり、能動性いわば主体性はむしろ「服従する」相手の側にある。服従者が能動的で権力者が受動的、そうした関係は、たとえば会社の名目的な社長と実権を握っている専務とのあいだにはあるかもしれないが、権力関係としては奇妙だ。むしろ、専務が権力者で、専務に「勢力」があると考える方が自然だろう。

しかし、ある意味でこれは「権力」というものの本質を正しく言い当てているのかもしれない。それは、権力関係が基本的に「了解依存的」なものだということである。権力は権力者の意思によってではなくむしろ服従者の側の「服従する意思」によって成立する。

たとえば、よく例に出される教師と学生の関係で説明しよう。表面的には、教師が権力者で学生が服従者である。そこでは教師は潜在的に学生に対して「勉強しなければ試験で落第させるぞ」と脅していて、学生から「勉強する」という服従を勝ちとる、と想定されている。しかしたいして勉強しない学生も大勢いる。高校や中学は大学以上にそうだろう。明らかに、この「勉強させる権力」は、学生の側が「落第はいやだ」と思っていなければ有効でないし、たとえそう思っていても、「教師は結局、われわれを落第させることはできやしない」と高をくくられていたら、何の効果もない。しかし、学生が「落第はいやだ」と思うかどうかは、教師のコントロールの範囲にはない。

教師ができるのは、試験を課して、成績の悪い学生は不可にし、良い学生は合格にすることだけだ。これは制度的に承認された教師の権限だ。もっとも最近では、試験のやりかたや内容についても学生からクレームが来たり、合否の判定基準について問い合わせが来たりすることが多いから、この権限さえ教師のフリーハンドではない。いずれにしても、権限があるからといって、勉強するという形で学生から服従される能力があること、つまり勢力があることを意味しない。その試験の結果などどうでもいいと学生が思ってしまえば、それで終わりである。

ここで分かることは、教師の権力なるものは学生の側の主観的な効用の構造と主観的な世界理解に依存していることである。そうした「権力というものの服従者への依存性」を「服従される能力」という表現が表していると考えることができる。

権力と呼ばれる現象はほかにもさまざまにありうるので、これですべて説明がつくわけではないが、いずれにしても権力というものが人々の主観的な了解に依存していることは明らかだろう。したがって、それを何か「実体的なもの」と考えることはできない。

高田保馬の勢力説的階級理論は、実体の曖昧な階級という概念を、勢力の概念を用いることで明確にするねらいをもっていた。階級が歴史的変動の主体であるのはむしろ勢力関係の変化がそこにあるからである。そのことを高田は、『勢力論』では、日本における鎌倉武家政権の成立という歴史的変動などに言及しながら論じている。たしかにこれは、公家階級と武士階級（「階級」というよりも、正確には「身分」というべきであるが）との勢力関係の変化とみることができる。歴史的変動としてわれわれが知っている多くは政治的変動であり、それは当然、政治権力の変動だから、歴史を勢力の変動としてみることは難しくない。しかし、それを階級構造の変化としてみることは依然として難しい。たとえば、織豊政権から徳川幕府への変化は武士階級（身分）内部での権力構造の変化であるが、階級の変化とはいいがたい。明治維新も、勢力を背景にした階級構造の変化というよりは、社会制度の全般的な変革であって、武士身分の廃止などの階級構造らしいものの変動は、その一部の結果として生じたものにすぎない。

政治権力とは

ここで、高田保馬のように概念化されている勢力や権力と、「政治権力」との違いを明確にしておこう。高田保馬の定義は、勢力を個人レベルのものと概念化している。同じように概念化しているケースは多い。ヴェーバーの権力概念も、「抵抗を排除してでも意志を貫徹する能力」というものであった。（ヴェーバーの権力概念は、『社会学の基礎概念』の中で短く述べられているだけだが〔Weber 1921＝1968：84〕。）

それに対して、政治権力というのは個人レベルのものではなくて、ある制度的な実体である。国家や会社が存在するように政治権力は存在する。政治権力とは、ある政治的共同体において、政治的決定を行い、その内容を遂行する「しくみ」である。

このしくみは、法律のような明示的な規則とインフォーマルな影響力関係とからなっている。たとえば、法律を制定する権限が国会にあるというのはフォーマルな規則である。国会で多数派を占めている与党および内閣の意思が決定的に重要な役割を果たす。しかし、実際にどういう法律が成立して、どういう法律が成立しないかについては、さまざまなインフォーマルな、しばしば個人レベルの、影響力関係が関わってくる。それは、図6-1のように図示できるだろう。ここには、政治権力が存在する。しかしそれはかならずしも誰かの個人的な権力ではない。ある一つの集団の権力でもない。結果として、

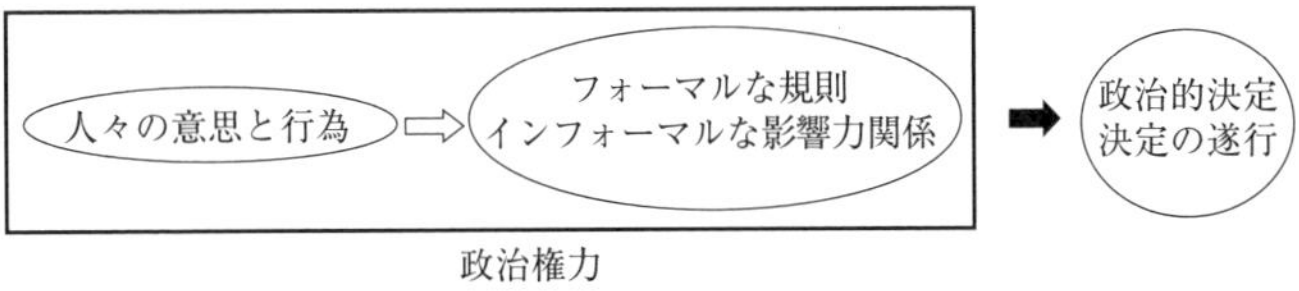

図６－１　政治権力の構図

何らかの政治的決定は達成される。それはさまざまな人々の意思と行為の複雑な相互作用の結果としてである。スターリンやヒトラーの体制のように、ある単一個人の意思がそのほとんどを左右するばあいもあるが、それは例外的である。政治的決定がくだされ、それが遂行されるという点に、政治権力の存在を同定することができる。つまり、政治的決定やその遂行というアウトカムを生み出すしくみ（機構）の全体を政治権力とみなすことができる。

これに対して、高田保馬の「服従される能力」とかヴェーバーの「意思を貫徹する可能性」という「権力（勢力）」概念は、「しくみ」としてではなく、「個人ないし集団の性能」である。これはあたかも、学力や運動能力のように「権力」が個人や集団に備わっている、という想定である。少なくとも、そう見られてしまう。しかし、そういう権力は存在しない。ヒトラーはドイツ国民に対しては絶大な権力をもっていただろうが、イギリスやアメリカの国民や政府に対して権力を有していたわけではない。権力とはつねに一定の制度的関係構造において生じるものである。重要なのはその制度的関係構造であって、個人の能力ではないのである。

フィクションとしての階級

階級とは、次のような経験的な現象を理解するために考え出された「仮説」だと考えるべきだ。

①　旧体制フランスの「聖職者」「貴族」「平民」からなる三部会制や、江戸時

代の「士農工商」のように、人々を異なる身分に区分して、それぞれの身分に異なる権利や資格を付与する身分制的ハイアラーキーの存在。同じような身分制は、今日の日本の企業社会でも、役員・経営者、管理職、正社員、契約社員、有期雇用職員、派遣社員、パート・アルバイトなどとして厳然として存在する。

② 人々が異なる職業について、異なる活動に従事し、そこから異なる収入源を得ていること。

③ 身分や職業によって、生活スタイル、収入、生活水準などに目に見える大きな違いが存在すること。

④ 身分や職業によって、一定の制度や政策に関する利害がしばしば異なっており、それぞれの利害を主張する利害集団が形成され、ときに激しい対立に発展すること。

これらは、経験的に目に見えることがらである。「階級」という仮説は、これらをもっともらしく説明する。こうした現象は、「階級」の存在を想定することで、よく説明できるように思われるかもしれないのである。とくに④の事態は、まさに「階級対立」がそこに現れているという納得感を生むものだろう。

しかし、そうだからといって、階級の存在が証明されたことにはならない。いざ、階級を具体的に同定しようとすると、そこには無限の困難が待ちかまえている。企業社会や官僚制のレベルでは身分制的序列が存在しているものの、それは社会全体を覆う身分制ではない。近代社会とは、社会全域を覆う身分制が消滅したかもしくは極小化された社会である。大会社の社長も一介の労働者や路上生活者も、選挙権という点ではまったく同等だ。職業によって収入や生活スタイルに違いはあるけれども、画然と分かれているわけではない。同じ「資本家」でも、時価総額で数百億円以上の資産をもつ人もいれば、二〇〇〇万円程度の退職金を投資しているだけの高齢者も多い。エリートサラリーマンで、一五〇〇万円以上の給与を得ている人もいれば、わずか四〇〇万円の給与しかもらえていないホワイトカラーも少なくない。

職業や地位の違いによって利害が対立することはなくなってはいないけれども、それを「階級対立」というのは難しい。ある企業の資本家と労働者とは、粗利益の分配をめぐって潜在的に対立しているけれども、その企業の発展に共通の利益を見いだしている。小さな商店の経営者と大型スーパーの経営者や従業員とは対立することが多いけれども、同一のショッピングモールで共存している例も少なくない。

少なくとも今日の社会では、前述の①～⑥の概念特性を満たす意味での「階級」を見いだすことは不可能だ。ましてや「歴史的変革の主体としての階級」などというものは、どこにも存在しない。

3　ブルデューの象徴権力と文化資本

文化資本

近年の社会学で階級と権力とを結びつける理論を展開しているものとしては、P・ブルデュー（一九三〇～二〇〇二）をあげることができる。ブルデューの社会学は、「文化資本」、「文化的再生産」「ハビトゥス」「象徴権力」などの諸概念でよく知られている。文化的再生産論というのは、階級の存在を前提として、階級が親から子へと「再生産」される、つまり子が親と同一の階級に所属するというメカニズムを、「文化資本」の継承によって説明しようとする理論である。文化資本とは、文化的趣味嗜好、洗煉された言葉づかいができるかどうかの言語能力、教養的な知識など、幼児期からの家庭環境の中で身につけていくと想定される個人の特性である。

文化的再生産の理論（Bourdieu and Passeron 1970）は、階級階層研究におけるある楽観的な理論を批判するかたちで主張された。その理論とは、「人々の学歴水準が向上するにしたがって、親から子への階級的地位の継承度合いは弱まっていく」と予測するものであった。この予測は、一般に、業績主義と呼ばれる理論枠組みにもとづいている。業績主義というのは、社会が近代化するにしたがって、人々の社会的地位やポジションは、おのおのの個人の業績によって決まる傾向が高まる、という主張である。ここで、一般に、学歴は業績の一種だとみなされている。

これに対してブルデューは、学歴によって階級所属が決まるようになっても、結局はこの文化資本によって学歴達成が決まるので、同じように階級が再生産されることになると主張したのである。

「資本」や「再生産」の言葉が使われていることから分かるように、ここにはマルクス主義的階級理論からの図式が受け継がれている。マルクス主義経済学では、資本主義経済のシステムそのものを「資本の再生産」として捉える。資本が資本を増殖させていくのが資本主義だというのである。そして、資本主義社会の問題の根源が「生産資源の私的所有」だと主張したことから明らかなように、資本や土地が私的に所有されていて、それが親から子へと相続されていくということで階級および階級対立の再生産が行われていると考えている。この図式を借用して、ブルデューは、教育達成が階級的地位を決める時代になっても、文化資本が階級の再生産をひきつづき担っていくとしたのである。ちなみにブルデューはいち早く「社会資本」という言葉も使っている。これは、コネ、ネットワーク、名声など、「人々の階級的地位達成において活用される社会関係的な資源」のことをさしている。

文化資本と文化的再生産の理論は、旧来のマルクス主義が説明できなくなった一九六〇年代以降の階級的社会の変容をうまく説明できるのではないかという期待を抱かせた。むろんそれは、依然として社会は階級で構成されていると思っている人々にとってである。

象徴権力

文化資本の概念と並んでブルデュー理論の中核を占めるのが「象徴権力」という概念である。（この概念は、主として Bourdieu〔1980〕で論じられている。）ブルデューは、社会の階級構造と密接に重なりあう形で権力構造が存在していると考えている。階級は、単に、経済的な富の違いを意味しているのではなくて、権力的なハイアラーキーでもあり、また権力的に支えられているのである。

象徴権力という言い方は、権力が象徴的なものであり、かつ象徴的なものによって支えられていることを意味している。象徴的なものとは、言葉、記号、意味、観念、価値などである。

もともと英語圏の社会理論においては、意味世界や意味によって価値づけられている事物を言い表すのに「象徴（symbol）」という言葉が用いられる傾向がある。厳密に言うと、symbol というのは「象徴されるもの」ではなくて、「象徴するもの」をさしている。ソシュールの用語で言えば、「所記（signifié）」ではなくて「能記（signifian）」である。たとえば国旗が国の象徴であるのは、象徴されるものとしての「国」を国旗という「象徴するもの」が象徴しているからである。「象徴している」というのは、あるものを意味し、名誉や地位を代理し、呈示していることである。反米運動が星条旗を傷つけたり燃やしたりするのは、アメリカへの攻撃と侮辱を表現している。

このように、象徴とは本来「意味の記号」であって「意味そのもの」ではない。しかし、ブルデューは象徴権力という表現によってたんに「記号が権力をもつ」と言いたいのではない。そうではなくて、「意味世界において価値づけられたものが、そのことによって権力をもつ」ということを言いたいのである。

たとえば「権威（authority）」という概念がある。一般に、具体的に行使される権力とは区別されて、精神的、価値的に上位にあることが認められて、人々から自発的な服従を引き出しうるような性質を意味している。高田保馬の定義にしたがえば、これも権力であるが、この権力の源泉は象徴的、意味的なものである。たとえば、ノーベル賞を受賞した学者がまさにノーベル賞を受賞したという理由でもって、政府の審議会の座長に選ばれたり、科学技術や教育政策についての発言が注目されたりすることがある。これは、科学的知識というものへの崇敬、ノーベル賞が高い価値をもつものだという観念によって支えられている。

ブルデューのいう象徴権力というものは突き詰めればそういうものだ。

象徴権力をめぐる闘争や対立を象徴闘争という。これには二つの側面があって、一つは誰が象徴権力を獲得するかをめぐる闘争であり、もう一つは、いかなる象徴的価値が権力としての権能をもつかをめぐる闘争である。ノーベル賞の例だと、誰がノーベル賞を受賞するかをめぐる戦いが前者である。それに対して、ノーベル賞に対抗して、京都賞、文化勲章、あるいはオリンピックの金メダル、などのうちのどれがもっとも権威が高いかをめぐる闘争が後者である。いずれにしても、権力構造というものは象徴的なものとして形作られていて、そこには象徴的なものをめぐる闘争が存在しているというのがブルデューの主張である。

この理論は権力が経済的な階級構造によって規定されており、権力をめぐる闘争とは、経済的な利害をめぐる闘争だとする正統派マルクス主義の考えに対して、新しい観点をもたらすものであった。ちょうど、経済資本ではなく文化資本が階級の再生産をつかさどるとしたのと同じで、経済的な利害や価値ではなく、象徴的な利害や価値が権力構造を形成しているとしたのである。

しかし、もしも階級や権力が経済的な要因で規定されているのではなくて、象徴的な価値で規定されているとするならば、そこには本当はきわめて大きな理論的な問題が生じることになる。それは、そうだとすれば、そもそも「階級」とか「権力」というものは、いったいどこにその実在の根拠をもつのか、という問題である。つまり、じつは依然として「経済的なもの」が最終的な基盤をなすと考えるのか、それとも「象徴的なもの」が独立に作動していると考えるのか、という問題である。そして、もしも後者ならば、それは、「階級」や「権力」を意味世界論的に解釈するということになるのである。

ブルデューはこの点を明確にするのを避けている。

学歴による権力

じつは、文化的再生産にしても象徴権力にしても、ブルデューが暗黙のうちに参照しているのは、学問や芸術の世界である。フランスでは、エコールノルマルやエコールポリテクニックを頂点とする高等教育のハイアラーキーが日本以上に確立しており、それらを卒業したエリートたちが政治、経済および学術の分野を支配している。彼らの地位の源泉は、基本的に学歴である。反体制派的なフランス現代思想の知識人たちといえども、そのほとんどがこの学歴ハイアラーキーの頂点の出身者である。いわば、右も左も同じ権力構造を共有し、その内部で争っているのである。

学歴とは象徴的なものである。それには、象徴的な価値はあるけれども、直接的なモノ的な価値はない。それは食べることもできないし、それ自体として美しくも楽しくもない。にもかかわらず、人々は学歴を尊ぶし、高学歴者を優遇する。

学歴がいわゆる「実力」を表しているかどうかはどうでもいい。学歴にはたして価値があるかどうかは問わないところに、学歴が象徴的価値として機能するのである。学歴は結局のところ、人々がそれには価値があると思っているから価値があるのである。むろん、その前提のもとで競争をくぐりぬけてきた者たちだけが高い学歴を身につけることができるのだから、そこには一定の個人的な能力が備わっていると推定することはできる。しかしそれは付随的なことだ。重要なのは、「学歴に価値がある」という人々の了解である。

同じようなことは、学問や芸術の内部でも言える。ここでもフランスではそれぞれの分野でもっとも優れた業績を上げたと目される人たちをアカデミー・フランセーズという機構の会員に選んでいる。その名誉と権威はたいへんなものだ。日本でもフランスにならって日本学士院と日本芸術院とが設けられているが、フランスのアカデミーほどの権威はない。学術にしても芸術にしても、何が「優れた業績」かは、少なくとも一定程度、人々の主観的な評価や人気に規定されている。しかし、何らかのきっかけでいったん高い評価を得ると、評判が評判を呼ぶ形で高い評価が「客観的」なものへと確立していく。芸術、とくに絵画のようなばあい、とくにそうである。極端にいえば、ある業績の評価が高いのは、

「人々がそう思っているからだ」という側面が少なくないのである。

ブルデューのいう象徴権力の典型がここにある。人々が価値があると思っていること、それが権威や影響力の源泉になっている。この場合、権力はけっして経済的なものを根拠にはしていない。

人が他人の命令や意志に従うには、大きく分けて二種類の理由があるといえるだろう。一つはそれが理にかなっていると思うからであり、もう一つはそれが利に合っていると思うからである。前者のばあい、「何が理にかなっていることか」は完全にその人の「意味世界」に属している。何が規範的に正しくて道理的なことかの判断を支えているのは、その人の価値観であり世界観である。他方、利に合っているかどうかについては、意味世界の関わり方にはバリエーションがある。たとえば「お金を出せ、さもなければ撃つぞ」と脅されているばあいには、「生死」という基礎的な利害が関わっており、この利害は動物でさえ察知するものなので、意味世界の関与は乏しい。しかし似たような脅しでも「お金を出せ、さもなければ秘密をばらすぞ」というばあいには、その脅しの有効性は脅されている人の意味世界に依存している。その秘密が世に知られることでどの程度のダメージを蒙ることになるかの予測とそのダメージの評価とは、その人の主観的意味世界のものだからである。

権力とは意味的な現象である。というのも、人が何かに服従するということが意味的な現象だからである。ブルデューの象徴権力論は、そのことをそれなりに踏まえている理論だとは言える。

客観的構造　しかしながら、ブルデュー理論は首尾一貫していない。というのは、かれの議論では、いたるところで「実体的なもの」や「客観的なもの」の存在が示唆されるのである。つまり、かれの「象徴権力」なるものには、たんに「実体的な権力の象徴的な現れ」でしかないかのような記述が溢れているのである。たとえば、次のような文章がそうだ。

> 象徴の力関係は、社会的空間の構造をなす力関係を、再生産し、増強しようとする傾向がある。(Bourdieu 1987 = 1988 : 212)
>
> 権力の客観的諸関係は、象徴権力の諸関係の中に再生産される傾向があ［る］。(Bourdieu 1987 = 1988 : 213)

こうした語り方は、象徴権力とは別に、「客観的」で「構造的」な力関係の存在が想定されていることを意味している。それがほのめかされているのである。

同じことは、文化的再生産における「階級」の概念についても言える。ブルデューは、文化資本を通じて再生産される「階級」がどういうものであるかを明示的に論じることはしない。階級区分でも、「上流階級」「中間階級」「庶民階級」のような漠然とした表現が用いられている。その上、「私は、人びとが一様に抱いている実在論的な階級観と手を切ろうとしました。その階級観は、知識人とはブルジョワであるか、それともプチ・ブルジョワであるか、というような問題が出てくるような体のものです」(Bourdieu 1987 = 1988 : 83) と述べて、自分の理論がマルクス主義のような実在論的階級論とは一線を画したものであると強調しているのである。

にもかかわらず、ブルデュー理論はつねに言外にマルクス主義の階級論と権力論を想定して、ブルデュー自身の理論が後者に対してより根底的な基盤を与えるものだという暗黙のメッセージを発信しているのである。彼は、客観的な階級構造や客観的な権力構造が存在することを前提に、そうした客観的なものが、文化的なものや象徴的なものを通じて、形成されたり正当化されたり基礎づけられたりするのだという構図を一度も崩していないのである。

この語り口を読んだり聴かされたりする人々には、直接的にそうとは示されないものの、あたかもどこかに客観的な階級や権力が実在しているかのような感覚が生じる。とくに、あらかじめそうした客観的なものの実在を信じている人々にとっては、ブルデュー理論によってまさにそうした客観的なものの成立機制が明らかにされているという納得を得る。

それはしかし幻想である。文化的再生産論や象徴権力論は少なくとも一定程度は正しいのだが、それはけっして客観的な階級構造や権力構造の実在を証明しない。それはむしろ、われわれが客観的だと思っているものがむしろ主観的な意味世界によって構築されたものであることを示しているのである。

注

（1）マルクスはその階級理論を、かならずしも分かり易く論じてはいない。『資本論』がもっとも重要な文献だが、膨大すぎる上に、未完で、階級理論が十分に展開されているわけではない。理論的な厳密さにこだわらなければ、エンゲルスとの共著である『共産党宣言』（1848）が、参考文献としては適切だろう。

（2）ヴェーバーの階級理論の日本語訳は、濱嶋朗訳の『権力と支配』（1967）と世良晃志郎訳の『支配の諸類型』（1970）とにおさめられている。

第7章　社会システムは存在するか

社会が「システム」をなしているという考えは、スペンサーにもみられるが、パーソンズによって社会学に広まった。しかし、社会的世界を学問的に捉える上での方法的構成としては有効であっても、そしてまた、人々自身は会社や社会をシステムとしてみなしているという事実はあるとしても、実体としては「システム」は存在しない。

社会がシステムだと考えると、それは個人を超えた「目的」や「利益」をもつことになり、「機能要件」のような不適切な概念を成立させてしまう。ルーマンは、その危険性を熟知した上で、諸個人や行為ではなく、コミュニケーションを単位とする社会システムを設定した。しかしそれは、デュルケムが社会的事実を「モノ」のようにと設定したのと同じく、フィクションであることを免れないのである。

1　会社というシステム

会社は誰のものか

ライブドアによるニッポン放送株の買い占め問題が世間の話題だった頃、ひとしきり「会社とは誰のものか」という問題が議論されたことがあった。金融バブルの崩壊前のことで、アメリカを中心にM&Aやストックオプションなどを通じて大儲けをたくらんだり実際に成功したりする人たちが盛んに活動していた時代である。

日本の一般的な論調やマスコミ報道は、ホリエモンこと堀江貴文氏のやり方に対して批判の声の方が多かった。折りしも、東京地検によってライブドアの粉飾決算が立件されたため、株の買い占めを通じて外部から会社経営に介入しようとする動きは急速に沈静化していった。その後も、ブルドッグソースやサッポロビールなどに対する外資のヘッジファンドからの介入騒動があったものの、総じて成功していない。

法律的にいえば、株式会社が株主によって所有されていることに争う余地はない。株式会社の最高議決機関は株主総会であり、そこでは、各株主は保有株数に応じて議決権を行使できる。株主が株式会社の主権者である。もし「国家は誰のものか」という問いへの答えが「主権者である国民のものだ」ということになるとしたら、同じ論理で、株式会社は株主のものでなければならないだろう。

しかし、日本での一般的な論調はこうした考え方に批判的だった。多くの人が、「株主だけのもの」とすることに違和感をもったのである。ストックホルダー（株主）をもじってステークホルダーという言葉がある。利害関係者というほどの意味だが、株式会社には、株主だけではなく次のように非常に多くの種類のステークホルダーがいる。

ⓐ　株主
ⓑ　経営者・役員
ⓒ　従業員

ⓓ　顧客・消費者

ⓔ　取引先

ほかにもあるだろう。とにかく、さまざまな人の利害が関与している。会社がこれらのうちどれか特定の人々のものだということになると、その人々だけで勝手に処分していいことになる。あたかも、個人の持ち物である古い時計を捨てるか修理して使うかどうするかはその個人だけで決めていいように。

端的に言って、「会社は誰のものか」が問題になったのは、法律的に正しかったり許されたりしていることと、道徳的に正しいとみなされることとの違いである。古い時計のばあいでも、法律的にはその所有者の好きなように処分していい。しかし道徳的には、まだ使えるものを捨てるのは「もったいない」し、資源として回収しないのも問題だと感じられるだろう。会社も、法律的には株主が株主総会で決議すれば、それを解散させたりどこかに売却したり合併させることができる。しかし、それが道徳的にみて許されることかどうかが問題なのだ。

会社というものは、設立したり解散したり売却したりすることができる。これらを一般的に「処分」と呼ぶことがある。会社は処分することができる。おなじように、大学や財団法人や組合なども処分することができる。

処分できるということは、ある種の「実体」があるということである。では、どういう実体なのだろうか。

システムとしての会社の境界

会社のようなあるまとまりをもった集合体はしばしば「社会システム」と呼ばれる。「社会システム」という言葉は、社会的世界の中のある部分が一定のまとまりをもっているということを言い表すために用いられる。会社というものが、そうしたまとまりをもった社会システムであることは間違いない。

では、どういうまとまりなのだろうか。

「システム」という概念は、一般に、その外部である「環境」とは何らかの境界によって区別されたものだとされている。「システム」という言葉が意味をもつためには、その内部にあるものと、その外部にあるものとが何らかの形で識別できるものでなければならない。一台のパソコンは一つのシステムを構成している。内部にはCPUや内部メモリーなどがある。インターフェイスとしてのキーボードやUSBを通じて外部から入力すると、内部のシステムが作動して、ディスプレイに一定の文字列が表示されたり、インターネットを通じて外に信号を送ったりする。パソコンのシステムには、物的な境界によって内部と外部が区別されている。

では、会社の境界はどうなっているか。

まず、物的な境界がどうなっているか考えてみよう。たしかに会社にとっても物的な境界は重要である。製造業だと、広い敷地に工場がある。敷地はフェンスなどで区切られていることが多く、誰でも入ることができるものではない。小さな弁護士事務所のような会社でも、貸しビルのどこかのフロアーに所在して、入り口のドアによって物理的に外から区別されている。

しかし、そうした物理的な空間の境界の意味は、会社というシステムの境界としては部分的なものにすぎない。まず、会社のさまざまな活動は、しばしばそうした物理的境界の外で展開される。営業マンが他社を訪ねて営業活動を行っているときは、その物理的境界の外だが、それだからといって会社のシステムの外だということにはならない。株主総会という最高の議決機関が、会社の敷地の外の会場を借りて開催されることも多い。逆に、会社の敷地の内部で、会社の活動とは無関係な行為や出来事が起こっていることも少なくない。昼休みに、インターネットでニュースを見たり、友人から次の同窓会の打ち合わせの電話がかかってきたりするのは、会社とは無関係な活動である。

では、会社というシステムの境界は、人で区切ることができるだろうか。すでにみたように、会社には株主だけでなく、従業員などさまざまなステークホルダーたちがいる。明らかに株主だけが会社のシステムの内部にいて、残りは外部だということはできない。たしかに株主は特殊な権利をもっている。会社の「処分」を決める法律上の権限をもっているのは株主たちである。従業員の採用や解雇も、最終的には株主の権限の内にある。しかし、だからといって、会社というシステムの内部にいるのが株主だといっていいのだろうか。むしろ、上場している会社にとっては、株主の多くはある意味で外部にいる投資家たちと変わらないとみた方がいい。ヘッジファンドの多くがそうであるように、株価が上がりそうな会社の株を買い、下がりそうになれば売る。あたかも、金や石油や不動産を投機的に売買するのと変わらない。

人で区分するときは、むしろ「経営者＋従業員」で考えるのがふつうだ。この人たちが実質的に会社の活動を担っている。法律上は、従業員はたんなる被雇用者にすぎない。賃金の対価として、会社に労働力を売っているとみなされる。この点では、日雇い労働者も正社員も変わらない。しかし、実際上は、従業員といえどもたんに命じられたこと、あるいは提供してくれと依頼されたことだけを行っているだけではなく、会社の意思決定に参画しており、会社は従業員の福祉に関心をもっている。

しかし、会社の境界をほんとうに「経営者＋正社員」で区切ることができるかといえば、そうはいかない。やはり株主を除外することはできないし、パートや非常勤の従業員を会社の「外にいる」とみなすこともできない。

人ではなく、行為で区切るという考えもありうる。従業員でも家に帰れば家庭人で、会社の仕事をしているわけではない。したがって、人ではなく、会社の仕事をしているという行為の集まりが会社システムを構成していると考えることもできる。行為で区切るという考えは、ヴェーバーの行為の社会学と合致している。

しかし、厳密に行為で区切ることができるかといえば、それも難しい。どの行為が会社としての行為であるかはしばしば曖昧なのだ。たとえば社長が友人の他の会社の経営者たちと一緒にゴルフをするというのは、会社としての行為なのかそれともたんなる私的な遊びなのか。あるいは会社の技術研究員が、専門誌を読んだり学会で発表したりするというのはどうか。

人も行為もある意味では「モノ」の一種である。人は身体として物理的な存在であるし、行為も身体の動作として物理的に同定できる。少なくとも、それで区分できると考えられているときの行為とはそうだ。最初の物理空間も含めて、これらの考えはすべて、何らかの物理的な実体のレベルで区分できるという考えになっている。

ある程度はこの考えでも問題ない。しかし、会社システムの境界を物理的に区切ることができるというのは、近似計算であって正確なことではない。正確には、物理空間も身体も行為も、会社というシステムの観点からどう意味づけられるかによって、システムの内部になったりならなかったりするのである。

これが意味しているのは次のことだ。会社システムというシステムの境界は、純粋には経験的な事物や出来事の区分として存在しているのではない。そうではなくて、経験的な事物や出来事を意味づける意味のシステムとしての境界を形成しているのである。

会社の利益と存続

「会社は誰のものか」という問いは、「会社が誰かのもの」だという前提に立った問いである。岩井克人（2005）のように「社会のものだ」という答え方もあるが、そのばあいでも、会社の「外」にいる何かが会社を所有しているという構図になっている。株主であれ、従業員であれ、あるいは社会であれ、会社そのものとは別の存在があって、会社はそれによって所有されたりその利害によって支配されると考えていることになる。

それに対して、会社には、他の誰のものでもない、会社固有の「利益」があるという想定もある。実際、たとえば、「特別背任」という罪がある。これは、経営者が故意または過失によって会社に重大な損失を与えたことを罰するものである。ここでは「会社」そのものが利益の帰着先になっている。株主代表訴訟も、経営者の行為が会社に損害を与えたとして、会社に代わって株主が経営者に会社への損害賠償の訴えを起こすものだ。

今日の法制度は、会社が、会社とは異なる他の誰かのものだという論理をかならずしもとってはいない。いったん設立されたならば、会社はそれ固有の利害をもつ主体として法的に保護されている。それはあたかも、動物愛護法が、所有者ではなく動物そのものの利害を保護するためにあるようなものだ。

会社固有の利益と密接に関連するが、会社は明らかに「存続」という価値をもっている。経営者や従業員の多くは、会社が存続し発展することを願っているし、株主の多くもそうである。取引先も顧客もそうだと言っていいだろう。すなわち、ステークホルダーたちのほとんどから見て、会社が存続することには価値がある。

存続のためには一定の条件が満たされ続ける必要がある。営利会社のばあい、それはある意味で簡単だ。基本的に、その事業が基本的に儲けを出し続けること、短期的には、債務不履行に陥らないことである。こまかいことを言えば、いったん債務不履行になっても、周囲の支援で再生することもあるし、逆に儲かり続けていても株主がその会社を合併させたりあるいは解散させるという選択をすることもある。

営利会社でないばあいはどうか。独立行政法人というものを考えてみよう。独立行政法人というのは、あらかじめ設定された事業を営むために政府によって設置され、その事業経費のほとんどが政府からの交付金でまかなわれている。それを存続させるか否かの最終決定権は政府と国会にある。ではどういう基準で独立行政法人は存続しなくなるのか。もともと儲けを出すことを目標にしていないから、「儲かっていない」という基準は当てはまらない。二〇一〇年の「事業仕分け」では主に三つの点が問題になった。一つは、「天下り」の元官僚が役員などに就任していないかどうか。第二は、効率性、すなわちその事業を遂行するのに経費が無駄に使われていないかどうか。そして第三に、その事業そのものに意義があるかどうかである。

このうち、ほんとうに重要なのはやはり第三の基準だろう。天下りや効率性はやや二義的な問題である。政府の仕事を請け負って行うのが独立行政法人である。基本的に、税金を投入して事業を行っているのだから、税金の使い道として意義があるかどうかが問題になるだろう。

しかし、これは簡単には答えられない問題である。政府が直接行っている事業でも、たとえば「国防費」はムダだという人もいる。「ダム」や「道路」を作るのがムダだという人も少なくない。ムダだというのは、意義のない事業にお金が使われているということである。しかし、意義があるかどうかの判断はそれぞれの人によって異なりうる。異論があるところを何とかして一定の集合的決定を生み出すのが政府の役割である。独立行政法人の存続は、政府および国会がその事業に意義があると認めるか否かによって決まる。

これは、会社のばあいと次の点で大きく異なる。会社のばあいの「儲かっているか否か」や「債務不履行に陥ったか否か」は、いわば「客観的」な事実である。会計帳簿（といっても、今はすべてコンピュータの中だが）を見ればすぐ分かる。それに対して「意義があるか否か」はそうした客観的な事実だとは言えない。（ただし、政府や国会が「意義があると認めているか否か」は客観的な事実である。「廃止する」という法律が成立すれば、「意義なし」と判断したことを意味しているのである。）

ほんとうをいえば、会社のばあいも事態はもう少し複雑だ。まず「利益が出ていないこと」と「債務不履行」とにはある重要な違いがある。債務不履行の方がより客観的で観測可能な出来事なのだ。債務不履行とは、支払うべき（償還すべき）債務（借金）を所定の期日に支払うことができないことである。債務給与が支払えないのもこれに含まれる。そして、債務が返せたかどうかは銀行口座の動きに確実に示される。現金（紙幣）がやりとりされる必要はなく、電子的な記録が変化するだけだが、今日ではそれがキャッシュというモノのやりとりと同等の物理的な証拠となる。そうした物理的な出来事が、債務を履行したか否かを示している。

それに対して、「利益が出ているか否か」は容易には観測できない。たとえば銀行口座にたくさんの残高があったとしても、あるいは手元に巨額の現金があったとしても、それは「利益が出ていること」を示しているとは限らない。なぜなら、そうした残高や現金は、もしかしたら、一カ月後には債務の支払いで消えてしまうものかもしれないからだ。

会社の日々のオペレーションでは、商品、サービス、現金、債権、手形、売買契約、銀行口座、等々がさまざまに動いていく。そこで、そうした動きを「利益が出ているか否か」という観点から記録していくために、会計システムが立てられている。会計システムに記録がきちんととられていれば、たとえば二〇〇九年四月から二〇一〇年三月までの一年間の会社の活動を通じて、いくら利益が出たか、資産はどう変化したかなどが一目瞭然に分かる。会計システムとはそうしたことができるように工夫されたしくみである。

たいていの場合、利益が出ていれば債務不履行にはならないし、ステークホルダーたちはその会社が存続することに利益を見いだす。

会社の存続と消滅

さて、会社のばあいも独立行政法人のばあいも、それが存続しているとはどういう状態のことだろうか。一見すると簡単なようにみえる。一九九八年に北海道拓殖銀行や山一証券のような大きな金融機関が倒産したが、それらは実際、存続しなくなったのである。

最近ではＪＡＬが存続するかどうかが話題になっている。政府系機関では、二〇〇五年に日本道路公団が民営化されて三つの道路会社に分けられた。これは「存続」したことになるのかならないのか。橋本内閣のときに、省庁の統合や名称変更が進められたが、大蔵省が財務省になったからといって、大蔵省がなくなったとは誰も思っていない。

さらに会社がなくなったからといって、そこで働いていた人たちの生命までもがなくなるわけではない。建物も残る。北海道拓殖銀行の本店は札幌市の大通公園に面した一等地にあったが、銀行がなくなったあともしばらく威容を誇っていた。

このように会社や政府機関がなくなるといっても、二つのケースがある。一つは、完全になくなるときだ。この場合には、その会社「としての」人々の活動が消滅するだけでなく、その会社のあらゆる債権や債務が「処分」される。裁判所の管理の下で債権が回収され、そこで生じた資産は債務の返済に回される。一般には、当然債権の方が少ないから、債務は一部が返済されるだけだ。これによって、当該の会社はあとかたもなくなる。

これと違って、活動と債権・債務が一部または全部、別の会社へ引き継がれるばあいがある。日本長期信用銀行（いったん国有化のあと、民間に売却されて「新生銀行」に変わった）や日本道路公団の民営化はそうしたケースだ。このばあい、存続したのでも消えてなくなったのでもない。「分割された」「吸収合併された」「再生された」ということが起こっているのである。

国家のばあいでも同じだ。一九九二年にソビエト社会主義連邦が解体して一五の国家に分裂したが、その際、ソビエト社会主義連邦の資産や人員は、各国に分割して配置された。もともとソビエト社会主義連邦が国際的に結んでいた条約や、国際的機関での地位や役割は、ロシア共和国に継承された。

むろん、国家が完全に消滅するときもある。一九三二年に建国された満州国は、一九四五年に完全に消滅した。イエス・キリストの時代にはまだローマの属州として存続していたユダヤ王国は、西暦六六〜七三年のマサダの戦いを経て、完全に解体された。そのローマ帝国は、いわゆるゲルマンの侵攻によって、西暦四七六年にやはり地上から消えていった。エリザベス王朝のころには独立国家であったスコットランド王国は、一七〇七年にイングランドに併合され、独立国家としては消滅した。

しかし、こうしたばあいでも土地や建物やほとんどの人間は存続している。満州国の皇帝溥儀は、捕らえられて裁判にかけられたけれども、映画「ラストエンペラー」に描かれたように、文化大革命のころまで中国で生活していた。また、ユダヤ王国の解体のあと、多くのユダヤ人がディアスポラとして世界に散らばっていったけれども、民族として消滅したわけではない。ローマ人やスコットランド人の子孫の多くは今日でも同じ場所で生活している。

会社や国家が消滅するとはどういうことか。それは明らかにそれらを構成していた物的なものが消滅することではないのである。

2　機能主義の何が問題だったか

機能要件という考え方

一時期、社会学で有力だった考え方に機能主義というものがある。機能（function）とは「はたらき」である。社会システムが存在しているという前提のもとで、システムを構成する諸要素は何らかのはたらき、機能をしている。機能主義とはそうした機能の体系を明らかにすることが、社会システムを解明することだと考えるものだ。

こうした意味でのシステムや機能という言葉はすでにスペンサーの進化論的社会学の中で使われている。スペンサーはかなり大胆に有機体的なアナロジーを使って、社会の人々、階層、集団などが機能的に分化して、まとまりのある全体を構成していると考えた。スペンサーによれば、そうした機能の分化、そしてそれを担う構造の分化が社会進化であった。

その後の社会学では有機体のアナロジーは避けられるようになった。有機体になぞらえることは、個人の自主性や自律性を無視することになるというのが主な理由である。それは、正しい判断だろう。しかし、一九五〇年代に、システム概念と機能概念とは社会学に復活する。その背景には、戦後の学問的世界全般におけるサイバネティクス、情報科学、行動科学、などの進展や、経済学の理論的発展がある。それはともかく、社会学でシステム（体系）概念を復活させた第一人者は、かつてスペンサーを批判したパーソンズであった。

機能主義的社会学理論を代表するのは、パーソンズの『社会体系論』（1951）である。そして、そのもっとも重要な概念は「機能（的先行）要件（functional prerequisite）」の概念であろう。パーソンズはまず次のように述べる。

地位と役割によって分割される相互行為の諸関係は、すでにみたとおり、体系をなして存在する。そうした体系が持続的な秩序を確立したり、あるいは発展的変動の整然とした過程を辿るためには、

一定の機能的先行要件が充足されなければならない。（Parsons 1951 = 1974：34）

ここでパーソンズが想定している社会体系（システム）は、まずは「地位と役割によって分割される相互行為の諸関係」である。つまり、システムはミクロな相互作用のレベルで想定されている。ここではまだ、会社や全体社会のようなマクロな「社会システム」が想定されているわけではない。このシステムには「持続的な秩序」や「整然とした発展」が期待されている。「機能要件」の概念は、この観点から立てられる。機能要件とは、相互作用のシステムが持続的な秩序を確立したり整然とした発展を辿るために必要な条件のことである。

こうした相互作用のレベルでパーソンズが具体的に考えている機能要件というのは、案外と常識的なものである。それは、まずは「栄養の接収や身体の安全のような、個人の生命の生物学的先行要件」（Parsons 1951 = 1974：35）であり、あるいは、個人行為者の感情や安全を含む「最小限の欲求」である。その上でさらに、「これらの行為者たちのそれ相応の部分をして社会体系への十分な参加を確実ならしめる必要がある」（Parsons 1951 = 1974：36）として、「十分な動機づけ」という要件があるという。これは要するに、各人が他者との相互作用や集団への参加を維持しようと自発的に考えるために必要な条件のことである。

こうした要件は、ミクロな相互作用を念頭においた場合には常識的に理解可能なものだ。たとえば、結婚した男女が夫婦という相互作用の体系を持続していくためには、とうぜん、生命の維持や一定の欲求充足が必要であるし、その上で、「夫婦という関係を持続させたい」とする十分な動機が満たされなければならない。さもなければ，離婚して夫婦としての相互作用を終えたいと考えるだろう。

このレベルの「機能要件」というのは，ある経験的現象が生起するための条件というほどの意味だ。結婚や夫婦という現象が成立したり，維持されるために必要な条件，それを「機能要件」と呼んでいるだけだといっていい。この意味での機能要件であれば，ふつうの経験的な研究として何も問題がない。商店街が維持繁栄されるための条件，会社が倒産しないための条件などを考察するのと変わりはないのである。

統合された秩序

しかし，パーソンズはミクロな相互作用レベルでの話をしだいにマクロなレベルに広げていく。まず，「秩序問題」が呈示される。

期待は相互行為の過程のいわゆる「二重の条件依存性」（"double contingency"）と相まって決定的に肝要な秩序の問題を生み出している。この秩序の問題には，さらに二つの側面を区別することができる。一つはコミュニケーションを可能にするシンボル体系の秩序であり，もう一つは，期待の規範的側面にたいする自我と他我の動機指向の相互性に関する秩序であり，「ホッブズ的」な秩序の問題である。（Parsons 1951 = 1974 : 43）

ここで秩序問題は，シンボル体系の秩序とホッブス的秩序とに分けられている。シンボル体系の秩序とは，言語を使うコミュニケーションを通じての相互了解の問題である。そもそもお互いの意思が通じ合わなければ，安定した社会的相互行為は不可能だというわけである。

もう一つがホッブズ的秩序問題で、「期待の規範的側面にたいする自我と他我の動機指向の相互性に関する秩序」という抽象的な言い方がされているが、要するに、それぞれに規範的に期待されていることが、お互いの主観的な動機づけとかみ合っていて、どちらもお互いの期待に応えようとする意志をもっているということである。つまり、それぞれの意志が対立しているのではなく、相互にかみ合っていることである。

なお、ここに「二重の条件依存性（double contingency）」というたいへん有名になった概念が現れている。これは、AとBという二人が相互作用するとき、Aの行為がBの行為に依存しており、同時に、Bの行為がAの行為に依存しているという状況をさしている。たとえば、夫が妻に優しい言葉をかけようとするかどうかは妻の態度に依存しているし、妻が夫に優しい態度を見せるかどうかは夫の言葉に依存している、という状況である。

ルーマンは後にこれをコミュニケーションの一般的な基底的条件を表す概念として展開するが、それはあとで述べる。

パーソンズの社会システム論の最大の特徴は、機能要件の概念をこの秩序問題と結びつける点にある。その際、問題の焦点がミクロな相互作用レベルからマクロなレベルへとシフトしていく。まず、秩序問題が、「安定した社会的相互作用の体系、すなわち社会構造の統合」（Parsons 1951 = 1974：43）の問題だと言い換えられていく。ここで、「安定した社会的相互作用」がいつのまにか「社会構造の統合」にシフトしているのが分かる。ミクロな問題であったものがマクロな社会構造の統合に置き換わっているのである。

そして、統合のための機能要件として、「共通の価値パターンの分有」が提示されるのである。

以上のことから、制度化された役割期待を規定する価値基準は、多少とも道徳的な意義を有するということになる。いいかえれば、価値基準との同調は、ある程度まで、自我が関与するより大きな行為体系、つまり社会体系の利益に関して、かれが担っている義務を実現するという問題になるのである。したがって、こうした共通の価値パターンを分有することは、義務の履行にたいする責任感を伴い、共通の価値へお互いに指向する人々のあいだに連帯を生み出している。それに関わる行為者たちは、こうした価値の関連する範囲内で、一つの集合体を形成するということになるだろう。（Parsons 1951＝1974：47）

ここで述べられている、「制度化された役割期待」「価値基準」「社会体系」「共通の価値パターン」「集合体」などの概念はいずれもマクロ的なものである。つまり、ミクロな相互行為レベルを超えて存在する「社会体系」ないし「社会」を構成する要素である。

パーソンズの考えていることを簡単にまとめれば次のようになるだろう。まず、社会体系というものがアプリオリに存在する。社会体系は地位と役割のセットからなっている。ミクロなレベルでの人々のあいだでの相互作用の安定性とマクロなレベルでの社会的統合とをつなぐのが、この地位と役割のセットである。ダブルコンティンジェンシー問題が解決されるもっとも基本的なやり方は、人々がそれぞれの地位と役割に期待される行為をとることである。役割期待に応じた行為は、当然のことながらお互いに予測可能でお互いの利益に合致している。これはまた、社会体系全体の利益にもかなうことだ。そして、こうした役割期待に応じた行為をとることが可能なのは、人々が共通の価値パターンを共有することによってである。

いうまでもなく、ここにはいくばくかの真理がある。それを認めた上で、このパーソンズの考えにおける問題点を指摘しよう。

社会体系の利益とは?

一番の問題は、地位と役割のセットで統合されている社会体系というものが存在するとアプリオリに前提されていることである。それはじつはどこにも確証されていない。人々や相互行為が存在するのは疑いえない。しかし、社会体系はそうではない。たとえば、誰かと誰かがブログやツイッターで「社会学とは何か」について議論を交わしたとする。ここにはどんな社会体系があると想定すべきなのだろうか。むろんさまざまな社会体系が想定できる。ブログにしてもツイッターにしても、あるいは2ちゃんねるにしても、一定のシステムとして存在している。それらを管理運営している会社がある。しかしそれは社会体系が存在することを意味しない。そうしたインターネット上の相互行為に参加する人々は、ネット運営上の規則には従っている（さもなければ、参加できない）。その意味では、役割や共通価値パターンを引き受けているとはいえるだろう。しかし、そこまでである。かならずしも連帯があるわけではないし、集合体が形成されるわけではない。

たしかに、うまくいっている会社や集団は、パーソンズが想定するような社会体系に近いところがある。人々は、社長とかある課の課員というように分けられてそれぞれに地位と役割が割り当てられている。通常、かれらはその役割を自発的に遂行し、それによって義務を果たしている。それを可能にしているのは、ある意味で一定の「価値パターン」の共有である。ただし価値パターンという言葉は、非常に広い意味で考えられている。規範、価値理念、世界の意味などを含む意味世界のすべてが、この言葉に含まれていると言っていい。したがって、会社の目標、それぞれの地位と役割の任務、守るべき規律と規範、そうしたものが一定程度共有されている。そうした会社や集団が存在していることは間違いない。

しかし、すべての会社や集団がそうかといえば、それは違う。すでにみたように会社にはそれぞれの利害関心をもったさまざまなステークホルダーたちがいる。利害が異なるという意味では、価値パターンが十分に共有されているわけではない。経営者のあいだでも、あるいは経営者と中間管理職、中間管理職と一般従業員たちとのあいだには、たんなる利害の不一致だけではなく、会社の目標はどうあるべきか、そのためにどういう戦略や組織編成をとるべきか、従業員の待遇や生産工程はどうあるべきかなどをめぐって、さまざまな意見の対立があるだろう。そうした意見の対立があっても、何とかうまくやっている会社もあれば、対立のゆえに、業績が悪化したり行き詰まってしまう会社もある。

パーソンズを擁護する人は、「でも、会社という社会システムの利益にとって、やはりパーソンズがいうように、価値パターンが共有され、それぞれの人がそれぞれの義務を果たすということが大切ではないか」と考えるかもしれない。むろん、ある程度はそういえる。しかし、ここには二つの問題がある。一つは、「そもそも社会システムの利益とは何か」という問題である。もう一つは、もしも価値パターンの共有という点だけを考えれば、北朝鮮のようなシステムがもっとも優れていることになるが、はたしてそれでいいのかという問題である。

それでも、会社のような場合には、会社の利益の概念はステークホルダーたちのあいだである程度合意を得ることができる。会計システム上の利益を上げることに一定の合意が得られる。

しかし、会社ではない社会システムの場合はどうか。

たとえば家族を社会システムだとしてみよう。家族の利益とは何か。家族における地位と役割のセットはどう確立されているか。これがそんなに自明でないことは明らかだろう。

国家のばあいもそうだ。何が国家の利益かについては、多くの国で、与党と野党で日頃意見が対立している。外交や国防については比較的まとまっているかもしれないが、六〇年安保のころの日本やベトナム戦争時のアメリカではけっしてそうではなかった。社会システムの利益とは、けっして自明なものではないのである。

共有価値によって地位と役割に従った行為が整然と履行されているというイメージは、まさに北朝鮮や軍隊のものだ。どう弁護しようと、パーソンズの社会体系論が（意図しない形で）そうした体制を暗黙のうちに望ましいあるべき姿であるかのような立論になっていることは、大きな問題である。

どこで間違えたのか。システムという考え方は、対象を学問的に認知し解明しようとしていくうえでしばしば有効だ。それ自体はけっして悪いことではない。たとえば経済システムという概念を用いて、ある社会における経済活動の全体的な姿を解明しようとする試みはあっていい。政治システムとか社会保障システムというような考え方もありうる。同じ形で、社会システムという概念を用いてもおかしくはない。

「機能」概念の問題

しかし、そこに「機能」という概念を入り込ませるとおかしくなる。機能（はたらき）という概念は、かならず何らかの「目的」を前提としている。ただし、ミクロな相互行為に焦点をおいてその安定性や継続性にとっての条件という意味での機能を考えるのは、それほど問題ではない。ミクロな相互作用の安定性や継続性というのは、それなりに経験的に同定することができ、そのための条件を経験的に分析することは、客観的な学問として可能だからである。

しかし、この場合でも、安定性や継続性が「目的」だと言うと、違和感が生じる。「目的」とは、誰かの、意志をもった主体のものであるはずだ。相互作用の当事者がそうした目的を抱くことはある。しかし、そうでないこともある。結婚を解消したい、友達関係を断ち切りたい、などと思っている当事者もありうる。そうした人にとっては、安定性や継続性は「目的」ではない。

マクロなレベルでの社会システムの持続的な秩序や整然とした発展という「目的」の場合、問題はよりいっそうはっきりする。社会システム論では、あたかも社会システムそれ自体が持続的な秩序や整然とした発展という「目的」をもち、それに「利益」を見いだしているかのように語られる。それは、社会システムに固有のものだとみなされる。しかし、そうした「目的」や「利益」は、いったい誰のものか。

システムを構成する諸個人の目的や利益の集まりだという考え方があるかもしれない。ある意味では、ベンサムの「最大多数の最大幸福」というのは、そうしたものだ。ベンサムは、社会はフィクションだといったけれども、「最大多数の最大幸福」というものをあたかも「社会の目的」であるかのように設定したともいえる。しかし、何が幸福であるかはあくまで個人が決めるものだ。そして、その中身は個人によって異なるし、しばしば対立する。

問題は、個人を超えた「社会システム」に固有の目的や利益があるのか、ということである。あるということを、どうやって証明できるか。そして、かりにあるとしても、何が社会システムの目的や利益であるかを、誰がどうやって示すことができるか。それが問題なのだ。

たとえば、会社で考えてみよう。会社の「視点」に立って、経営者や従業員の諸行為が会社にとってどういう利益をもたらすかを考えることはある。通常は、会社の繁栄や会計上の利益に照らしてそう考えられる。しかし、それは個々の一人ひとりの視点と必ずしも同一ではない。個人にとっては、会社は手段であって目的ではないかもしれない。会社をつぶしてでも自分の利益をはかる経営者もいたりする。「目的」が客観的に提示できないのであれば、当然、「機能」も定立することができない。それでも、会社はいちおう存続か消滅かや会計上の利益が上がっているかどうかは、客観的に判断できるから、「仮に、存続を目的だとすれば」というかたちで「機能」を考えることはできよう。しかし、全体社会を念頭においたときの「社会システム」はそうはいかない。全体社会の「存続」も「利益」も、けっして客観的に定立できるものではないからだ。

会社の存続でさえ、それは「客観的な目的」ではない。JALの存続が「客観的な目的だ」と考えている人はほとんどいないし、誰かがそういったとしても、誰も肯かない。「客観的」ということは、人々の主観的な思いこみを超えて、それらに左右されることなく存在するはずのものだ。会社についてさえ、そうした客観的な目的は存在しない。ましてや、全体社会のような社会システムではなおさらそうである。

もちろん、社会学者だからといって、社会システムの目的を解明したり提示したりすることはできない。目的が定立できなければ、「機能」も「機能要件」も定立できない。にもかかわらず、もしも社会学者が社会システムの「機能要件」を語ったとしたら、それは、個人の主観を超えた「客観的な目的」が社会システムには備わっていると想定していることになる。しかしそれは、社会に生きている多様な人々の主観的な理念や価値や利害関心の違いを無視することになる。社会システムにおける諸要素の「機能」という概念は、社会的世界に本来的に存在している「視点の多様性」を消去してしまう。

機能主義が、一九六八年の学生叛乱などを契機に、しだいに社会学から姿を消していったのは、そのためである。

中範囲の機能分析

機能という概念を用いてものごとを分析することには、何らかの「目的」からの意味づけというやり方のほかに、淘汰・競争に生き残ることができるかという視点からのものがある。目的論的な機能論ではなくて、進化論的な機能論である。

この考え方は、経済学で会社や産業の成長と衰退を説明したり、経営上の諸制度を説明したりするためによく用いられる。たとえば、終身雇用制や年功序列制の日本型経営慣行が発達したのは、そうした制度を採用した会社の方がそうしなかった会社よりも市場競争を生き抜いて発展してきたからだというような説明である。

社会学における機能主義も、もともとはこの観点を素朴に表現したものであった。たとえば多くの未開部族に雨乞いの儀式がある。(今日の日本にもある。) 欧米の人類学者からみて、雨乞いの儀式は、雨を降らせるという目的にとってはまったく無意味なものだ。ではなぜ雨乞いの儀式などというものが存在するのか。ここでしばしば「それは人々の連帯を高める役割をはたしている」という説明がなされる。つまり、連帯を高めるという目的にとって機能的だから、雨乞いの儀式が生き残っているというのである。

R・K・マートン（一九一〇～二〇〇八）は、潜在機能と顕在機能、順機能と逆機能というような概念を用意して、この手の説明図式を発展させようとした。たとえば、二〇世紀前半のアメリカ地方政治には「ボス支配」の構造がよく見られたが、マートンはそれが普通の市民が行政に頼みごとをしたり要求を出したりする上で、有効な媒介機能を潜在的にはたしていると分析した（Merton 1957）。

しかし、こうした形での機能分析は、パーソンズ的な機能主義と次の点で異なっている。後者の場合には、諸要素が社会システムという全体的なものに機能的に統合されていることが前提的に想定されている。地位と役割が機能的に組み込まれているという考えがそうだ。それに対して、マートン流のたんなる機能分析は、「何の役に立っているか」は事後的に発見されるものになっている。あらかじめ諸要素がシステム的に統合されているとは必ずしも前提しない。「統合や連帯に役立っている」とされる場合でも、あくまで分析の結果としてそう導かれるだけである。つまり、前提の置き方が違う。この違いは大きい。

機能主義的社会変動論

ところで、「役立っているから存在しているのだ」という論理を極端にまで推し進めたタイプの機能主義理論がある。それはじつは日本独自のもので、海外の社会学にはまず見かけられない。理論を展開したのは、小室直樹、富永健一、そして吉田民人の三人。三人のあいだで多少の違いはあるが、基本的には次のような考えだ。（このテーマに関する三人の理論の代表的論考は、青井編『理論社会学』〔1974〕に一緒におさめられている。）

社会システムは社会構造によって特徴づけられる。ここで社会構造というのは経済における資本主義とか政治における民主主義とか、マクロ的な制度的構造のことである。この社会システムの観点から見て、望ましい機能を果たすこともあれば、そうでないときもある。望ましいかどうかは、最終的には当該の社会システムの存続にとって有益かどうかである。ある社会構造はそれがシステムにとって望ましい機能を果たさなくなれば、何らかの形で、もっと望ましい機能を果たす別のものに取って代わられなければならない。さもなければ、社会システムそのものにダメージが生じて、いずれは衰退していくだろう。これが社会変動である。

この機能主義的社会変動論は「もしも適切な構造変動が起こらなければ社会システムは消滅するだろう」という点で、部分的に淘汰論的進化論の論理を用いている。しかし淘汰そのものによってではなく、潜在的に淘汰の圧力がかかっていることによって、いわば自発的に社会構造が変動すると考えている点においては、自生的進化論（後に、自己組織性として展開される）の論理が基本である。論理としては整然としているが、率直に言って、現実味がまったくない。自動的な構造変動が想定されているのだが、それは奇妙なものだ。あたかも、自らの欠陥を自分で見つけ出して自分で修理していく人工ロボットのようなものが想定されている。

社会や社会システムがそういうものだと想定することはできない。たしかに、自動的なものはまったくないわけではない。たとえば、経済では市場における価格を媒介にして需給の自動調節が想定されている。しかし、その場合でさえ、実際に調節しているのは生産者であったり消費者であったりという具体的な諸個人だ。ましてや、制度的変動となると、それぞれの人々の想像力、発想力、企画力、情熱、意欲、努力などに依存している。それはけっして自動的なプロセスではない。

なお、パーソンズ自身の構造機能主義は、『社会体系論』の中で、「社会体系の変動の諸過程についての一般理論というものは、現在の知識の状態では不可能である」(Parsons 1951 = 1974 : 481) と述べていることから分かるように、けっしてこのような自動機械のような変動理論をめざしたものではないことを、申し述べておこう。

3　フィクションとしての社会システム

コミュニケーションからなるシステム　N・ルーマン（一九二七〜一九九八）は、『社会システム理論』(1984) を、次の言葉で始めている。

以下の考察は諸システムが実在しているということから出発している。したがってそれは、認識論的懐疑から始めるのではない。(Luhmann 1984 = 1993 : 17)

なぜこうした言い方をするのだろうか。なぜ社会システムの実在を説明することから始めないのか。「認識論的懐疑」とは、何のことだろうか。

明らかにルーマンは、「社会システム」という考え方がある種のフィクションであることを十分に承知しているのだ。そのうえで、あえて「社会システム」という観点から社会学を構築しようとしているのである。ルーマンからすれば、社会学という学問はこのフィクションとしての「社会システム」という観点からしか成立させることができない。その困難なプロジェクトを突き進めていこうというのがルーマン社会学だといえる。

ここで「社会システム」の概念は、デュルケムの「社会的事実」の概念に似た役割を果たしている。デュルケムにとって、「社会的事実」の概念は社会学の研究対象を同定するうえで不可欠のものであった。どんな学問でも対象は「客観的」に、研究者の外部に存在しなければならない。デュルケムは、制度や規範や慣習、あるいは集合表象やアノミーがそうした社会的事実として「モノ」のように存在するとした。そう考えなければ、社会学という学問が成立しないと考えたのである。ルーマンの「社会システム」とは、そうした意味での「社会的事実」である。

しかしなぜ「認識論的懐疑」なのか。

デュルケムもじつは社会的事実の存在がそれほど確固としたものではないことに気づいている。なぜなら、彼は「社会生活はそのすべてが表象から成っている」(Durkheim 1893 = 1989 : 21) ということを熟知し、さんざん強調しているのである。彼のいう「社会的事実」の根底にあるのは、人々の「表象」なのだ。その一方で、彼はその「表象」からなる制度、規範、慣習等を「モノ」のように扱おうとする。彼は、そうすることによってしか、社会学は客観的な学問として成立しえないと考えたのである。

ルーマンも同じだ。そこには、パーソンズとの決定的な違いがある。パーソンズは、社会システムは実体的にそこに存在していると考えた。地位と役割のセットも社会体系の利益も実体として存在していると想定されている。いわばパーソンズはそれらを自明視したのである。

しかしルーマンは違う。たとえば、ルーマンの社会システムは地位と役割のセットからなっているのではないし、それらを通じて諸個人が「機能的」に統合されているわけでもない。ルーマンの社会システムにおいては、地位と役割も、個人でさえも消去されている。その社会システムを構成する基本要素は「コミュニケーション」であって、「個人」でも「行為」でもない。ここにまず、次のようなルーマン「社会システム論」の三つのポイントをみることができる。

① 個人や行為といった、経験的に同定しやすいものを要素にしないことで、社会システムを実体視することを回避する。

② 個人や行為といった、それ自体としてみれば単独にバラバラなものではなく、コミュニケーションというそれ自体「社会的なもの」を要素とすることによって、社会システムの中の諸要素が何らかのかたちでお互いに接合され関連しあっていることを前提にすることができる。

③ コミュニケーションは「意味」の伝達からなっている。したがって、社会システムが結局のところ「意味世界」のシステムであることを示唆することができる。

システムの自己同一性

では、なぜ「認識論的懐疑」なのか。

「システム」には二つの基本条件がある。一つは内と外の「境界」で「環境」から分離されていることである。もう一つは、システムは一定の「自己同一性」をもっていなければならないことである。

ルーマンのキー概念の一つに「オートポイエシス」がある。これは「自己組織性」と訳されることもあるが、平たくいえば、システムが自己同一性を保ちながら自らを進化させていく性質のことである。この概念は、免疫学者のマトゥーラとバレラの議論から借りてこられたものだ。生体の免疫システムは、外界からの異物を「自己とは異なるもの」として認識し排除するしくみである。それが、オートポイエシスの原型である。

しかし、実際には社会的世界について「システム境界」と「自己同一性」とを設定するのは、あくまでフィクションとして、ヴェーバー的にいえば、「理念型」としてなのである。このことを、コミュニケーション・システムとしての社会システムにおいて確認しておこう。

ルーマンが明確に述べているように、コミュニケーションからなるシステムは、先行するコミュニケーションに後行するコミュニケーションが、後のコミュニケーションが前のコミュニケーションに言及するかたちで接続されていく。たとえば、「社会学の世界」という社会システムを考えてみよう。この社会学の世界は、ヴェーバーのテキストにパーソンズが言及し、パーソンズのテキストにルーマンが言及し、……といった連鎖、あるいはマルクスやヴェーバーの階級論について言及しながら実証的な階級・階層研究が遂行され、それらについてブルデューが言及し、……といった連鎖、そうした連鎖の全体からなっている。社会学に限らず、すべての学問は、ルーマンの意味での「システム」の特性をもっともよく備えているのである。

たとえば、まさに本書自体が実践しているように、「社会学とは何か」という問いは、社会学という学術が、システムとしての境界と自己同一性をもっているかどうか、もっているとすればそれはいかなるものかを問題にしているのである。すべての学術分野にとって境界と自己同一性は重要である。境界がなくなれば、社会学と経済学や政治学を分かつものが見えなくなってしまう。自己同一性がなくなれば、ヴェーバーやデュルケムの「社会学」とルーマンの「社会学」とが、はたして同じ学術分野としての「社会学」なのかどうかという問題が生じてしまう。もしかしたら、ルーマンは「社会学」を勝手に名乗っているだけではないか。ちょうど、詐欺師が旧宮家を名乗ったりするように。

この境界と自己同一性は、どのようにして確立できるか。いうまでもなく、これは本書自体が探究している課題にほかならない。そして、それが簡単な作業でないことは明白である。たとえば、どのコミュニケーションあるいはテキストが「社会学システム」の内部に属するのか自明ではない。社会学の自己同一性がどうやって確かめられるかも簡単には明らかではない。

今日の社会学は、まさに本書で「社会学とは何か」を主題にするほど、アイデンティティが揺らいでいるからよけいにそうなのだが、本質的にはすべての学問がそうである。おのおのの学問がそうだということは、学問全体、ルーマンのいう「学術システム」もやはりその自己同一性と境界は自明ではないということである。科学は宗教とどう区分されるのか、学問とジャーナリズムとはどうなのか。

明らかに、システム境界もシステム自己同一性も自明のものではない。すでに、会社についてそのことを確認した。当然、全体社会についてもそうである。境界も自己同一性も、何か経験的な事象としてあるわけではない。

システムとは、結局、かつてヴェーバーが「文化意義」の概念に即して述べたように、システムを想定する諸個人の価値関心、本書の言葉で言えば、「意味世界」において存在するものである。そういう意味で、フィクションである。

第8章　経験主義と外的視点の限界

パーソンズ理論や機能主義への懐疑は、社会学の徹底的な経験主義化の試みへと進んでいった。対象である人々によって自明視されている社会理解と、社会学者の「客観的」な分析とを明確に分離しなければならないという動きである。それは、かつてヴェーバーの理解社会学を批判したシュッツの社会学に一つの淵源をもつ。シュッツ自身、社会科学者は対象としての社会の外に立つと述べている。

それ以来、さまざまな構築主義的な社会学が展開されていった。いわゆる現象学的社会学、エスノメソドロジー、社会問題の構築主義などがそうだ。「斜めに構える社会学」という理解も、ここから生まれてきた。しかし、構築主義と外的視点の採用は、ジレンマに直面せざるをえない。

1　理解社会学という方法

行為を理解する

社会学の対象である社会的世界は、人々によって主観的に意味づけられた世界である。この意味世界を探究する方法として、「理解」が重要な役割を果たすことはいうまでもない。

ヴェーバーの社会学方法論は、後期になると「理解社会学」という形で展開されている。それには次のような説明がある。

理解社会学にとって特殊に重要な行為とは、詳しくいうと、次のような特徴をもった行動のことである。一、その行動が他人の行動と関係する場合には、行為者が主観的に考えている意味に従って行なわれ、二、その行動が行なわれていく途中で、それのもつ意味の関係の仕方によってもまた規定され、したがって、三、この（主観的に）考えられた意味から理解可能な形で説明しうる、そうした行動のことである。（Weber 1913 = 1968：16）

理解社会学とは、諸個人の主観的意味の理解を通じて、その行為を理解するものだ。諸個人はそれぞれの「主観的意味」に従って行為している。主観的意味というのは、世界はどうなっているか、自分がどういう行為をすればどういう結果が生じるか、など自分を取りまく世界についての主観的な理解と、欲求や望みなどの主観的な価値関心からなっている。そうした主観的意味のもとで人々は行為を選択する。したがって、行為を理解するとは、行為が導き出された主観的意味を理解すること、より正確に言えば、どういう主観的意味のもとで行為が行われたのかを理解することである。

この文脈でヴェーバーが説明に使っているわけではないが、たとえば彼の有名な『プロテスタンティズムの倫理と資本主義の精神』（1904）における「世俗内禁欲」というエートス（生活態度）は、カルヴァン派の予定説を信じていた人々の主観的意味を通じて理解される。予定説というのは、「予め定められている」ということである。何が予め定められているかといえば、神の最後の審判のとき、誰が救われて誰が救われないかである。「最後の審判」とは、原罪を背負って苦難に満ちた人の世を生きてきた人類が再び完全に神のもとへ回帰する日のことだ。この信仰のもつ強烈なインパクトは、正直に言って筆者には理解しがたいところがあるが、そのイメージは、ミケランジェロの絵に描かれている。そのとき、通常の意味ですでに死んでいる人々も含めて、すべての人は、神のもとに救われるか、もしくは永遠に救われないかのいずれかに分かれるとされている。それは、カルヴァン派に限らず、キリスト教を信仰するすべての人にとって最大の関心事の一つである。

予定説というのは、それが予め定められているということだ。予めというのは、その人がどんな人生を送ろうが、どんなに善い行いをしたり、悪い行いをしようが、そうしたことに関係なく、「予め」ということである。そして、「定めている」のは当然神だ。

この教説は、神の絶対性という前提的な理念から導き出されたと理解することができる。神は絶対的な存在である。それは、こざかしい人間の憶測や願望や知識を超えている。人間が、「こうすれば、神は自分を救ってくれるかもしれない」などと考えるのは、思い上がったことだ。神は、そんなあさましい心根などによって左右されはしない。神はすべてを決めているのである。その決定は、人間世界で何が起こっているか、それぞれの人がどういう人生を歩むかにはまったく左右されない。このように、神の絶対性を論理的な極地にまで高めた教説が「予定説」である。

この予定説を信じた人々にとって、世俗内禁欲という生活態度が導かれるとヴェーバーは理解する。これはやや逆説的な解釈なので、かならずしも多くの研究者が納得しているわけではない。というのは、もしも救われるか救われないかが予め決まっているのであれば、人生をどう生きようが関係ない、というふうに考えるのがすなおだからだ。予め決まっているという前提のもとで、勤勉で規律正しい生活を営むという世俗内禁欲を実践しようとする意欲が生まれるのは理解しがたいように思われる。しかし、ヴェーバーはそうは考えない。そうした逆説があることは百も承知で、予定説という主観的意味の世界のもとで、世俗内禁欲という行為や生活態度が導かれるのだと主張している（Weber 1904b = 1955）。

ヴェーバーの説明が正しいかどうかは別として、これが理解社会学の方法である。その方法は、図8-1のような図式で表されるだろう。

論者によっては、「理解」と「説明」とを区別することが重要だと考えているけれども、その必要はない。両者はともに同一の方法を構成する要素である。たとえば、ヴェーバーは、「資本主義の成立」あるいは「資本主義の精神」を説明しようとして、その中で「予定説」とそれを信じた人々の信条を理解しようとしているのである。一部の人（たとえばディルタイ）のように、説明は自然科学的で、理解こそが文化科学としての社会学の方法だと考える必要はない。

方法論的個人主義の経験主義

じつをいえば、ヴェーバーは理解社会学を提唱する一方で、きわめて自然科学に近い方法へと志向している。それが方法論的個人主義である。もっとも、ヴェーバー自身は方法論的個人主義という言葉は使っていない。この言葉は、経済学者のシュムペーターが一九〇八年の著作『理論経済学の本質と主要内容』で経済学の方法を述べるために用いたものである。ヴェーバーがそれを読んでいた可能性は高いが、確証はない。ただ、この方法、つまり、社会についての探究は、集合的なものでなくてあくまで個人的なもの、個人の行為、属性、思念、などにもとづいて

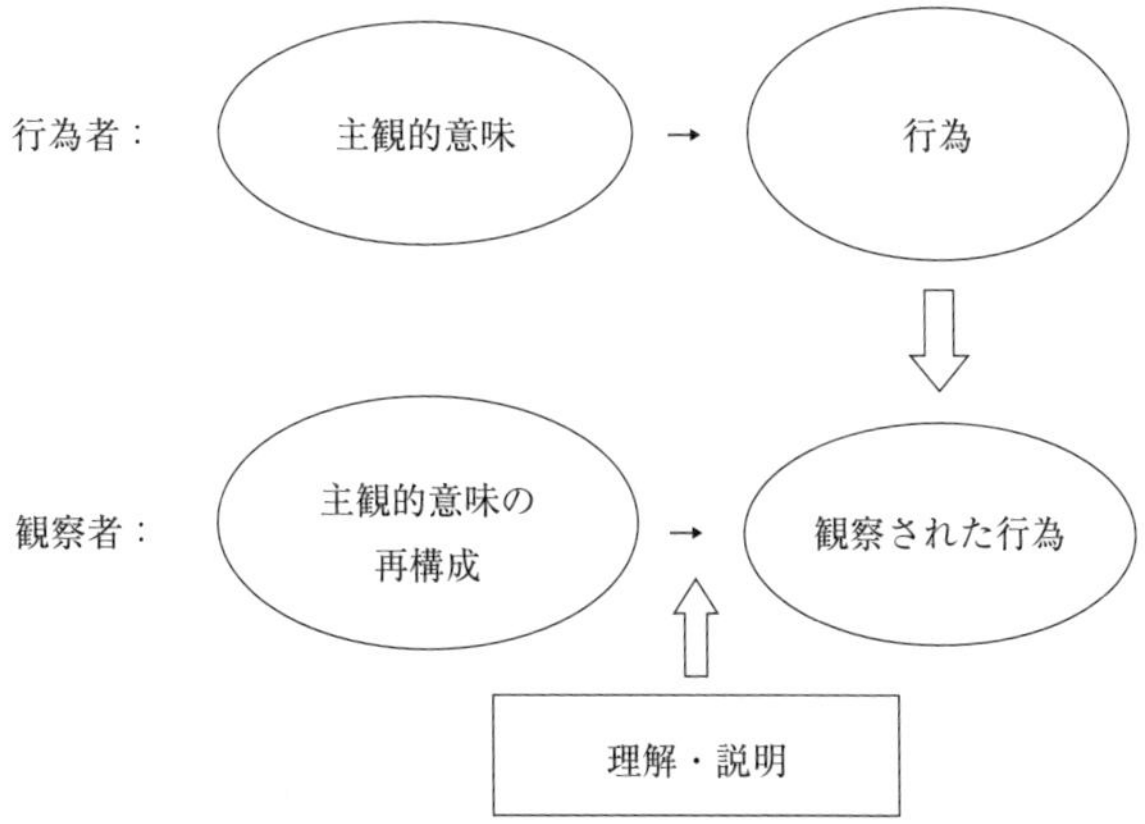

図８－１　理解社会学の基本構図

進められなければならないというのは、オーストリアを中心とするドイツ文化圏の社会科学者のあいだに広まっていた考え方であった。なぜ、集合的なものではなくて個人的なものかといえば、経験的に観測され、存在が確かめられるのが、個人的なものであって、集合的なものはそれが難しいかもしくは疑わしいからである。つまり、経験主義が方法論的個人主義の基盤をなしている。

経験主義というのは、近代科学の発展を支えてきた重要な柱であって、科学的な知識の発展に寄与しようとする多くの人々が当然のこととして受け入れてきた考え方だ。ベンサムの「実在するのは個人であって、社会はフィクションにすぎない」という主張も、あるいはコントの「実証主義」も、経験主義の現れである。自然科学では、観測や実験にもとづいて理論を構築したり、検証したりすることが当たり前の方法になっていったから、わざわざ経験主義を強調することはあまりない。しかし、社会科学や人文学の分野では、経験主義を唱えることは、自然科学との違いを無視し、自然科学と同じ方法をそのまま社会や文化の研究に適用しようとするものだとみなされる傾向があって、しばしば深刻な対立を生んできた。

第1章で紹介したディルタイの精神科学やリッケルトの文化科学の概念は、社会や文化についての探究の方法が本来的に自然科学とは異なるものであることを強調する形で展開された。ヴェーバーはこの学問的伝統から多くを受け継いでいるし、理解社会学の方法は明らかにその延長上にある。

しかし、それと同時に、ヴェーバーは当時、個人主義的な方法によって理論的な整備が進んでいた経済学からも多くを吸収している。たとえば、「合理性」や「合理化」の概念がそうである。「理念型」の概念も、経済モデルの考え方をヒントにしている。たとえば、カテゴリー論文の中に次のような記述がある。

> 理解社会学にとって、客観的な整合合理性は、経験的行為に対して理念型として役立つ。(同じように) 目的合理性は心理学的に意味を理解できるものに対して、(中略) 理念型として役立つ。
> (Weber 1913 = 1968 : 28)

つまり、理解社会学において行為を理解するということをめざす際に、客観的な「合理性」や主観的な「目的合理性」を想定することは、基本的な出発点をなすのである。「理念型として役立つ」という意味は、「そうした仮説的なモデルによって現象を理解しようとすることは、少なくとも第一次近似として重要なアプローチとなる」ということである。

この引用文で明らかなように、ヴェーバーが理解社会学でまず対象に設定しているのは「経験的行為」である。行為は経験的に観測できる。観測できるものとして行為から出発して社会学を進めていこうというのが、「理解社会学」という方法の提唱の基底にある。

この経験主義は、次のような集合的なものへの構築主義的な考え方と結びついている。

ヴェーバーの構築主義

個人は意味のある行動の唯一の担い手である。（中略）「国家」「組合」「封建制」等々といった概念は、社会学にとっては、一般的にいえば、人間の共同行為の一定の仕方のための範疇である。したがって、社会学の課題はそうした範疇を「理解しうる」行為へ（中略）還元することである。

（Weber 1913 = 1968：33）

ここでヴェーバーが言っているのは、「国家」「組合」「封建制」などのような集合的なものは、人々の共同行為が一定の仕方で営まれていることで現れてくるのであって、そうした行為から独立にそれ自体として実在するものではない、ということである。いわば「行為によって構築されたもの」という考えが示されている。この考えは、『経済と社会』の中の「社会学の基礎概念」では次のように展開されている。

社会関係は、「国家」、「教会」、「組合」、「結婚」等々のようないわゆる「社会形象」が問題である時でも、その意味内容にしたがって、一定の仕方で相互に定位づけられた行為が生じた、生ずるまたは生ずるであろうというチャンスのうちにもっぱらかつそのうちにだけ在る。このことは、これらの概念の「実体的」把握を避けるために、つねに固執すべきである。たとえば、「国家」というものは、有意味的に方向づけられた一定の性質をもつ社会的行為が経過するというチャンスが消滅するやいなや、社会学的には「存在する」のを止める。(Weber 1921 = 1968 : 42-43)

ここでは、「国家」というようなものが「実体」として存在しているわけではないという、構築主義的な考えがさらに深化していることが分かる。国家のような集合的なものは「実体的」に把握してはいけない。それは、社会的行為が「消滅するやいなや」、社会学的には存在するのを止める。つまり、人々がそうしたものが在ると想定して行為している限りにおいて存在するのであって、実体として存在するのではない。

周知のように、ヴェーバーは社会学を「社会的行為を説明しつつ理解し、これによってその経過とその結果とを因果的に説明しようとする一つの科学のことをいう」と概念化している(Weber 1921 = 1968 : 8)。つまり、社会学的探究の焦点はあくまで「行為」にある。社会現象を「行為」のレベルで解明しようとする方法的態度を「行為理論」と呼ぶ。行為理論は、行為を「社会的なもの」と考えるので、たんなる「振舞い」や「行動」とは区別される。しかし、にもかかわらず、「振舞い」に焦点をおいたミードと同じように、行為に焦点をあてるということは、それが「経験的に観測可能だ」という前提に導かれている。実際のところは、このあとすぐに紹介するシュッツの批判があるように、「行為を経験的に同定すること」は、ヴェーバーが考えているようには確実なことではない(盛山〔1995〕も参照)。

ただ、いずれにしても、ヴェーバーの理解社会学という方法はその経験主義と一体のものなのである。

　ところで、ヴェーバーが先の引用文で「チャンス」という言葉を使っていることに注意したい。これは蓋然性とか可能性とかと訳すことができるが、かれはなぜ「行為が生じるとき」とだけいうのではなくて、「行為が生ずるであろうチャンス」と付け加えたのだろうか。チャンスは観測できないものだ。純粋には経験的ではない。じつはヴェーバーは純粋な経験主義が不可能であることに気づいていたのだと推測される。集合的なものは行為だけからではなく、行為のチャンスによって支えられている。この「チャンス」というのは、経験的な観測データから得られた確率や割合ではない。それは、結局のところ人々が主観的に抱いている「事象がそのようなものとして生起するだろうという期待」である。その意味において、ヴェーバーは、表面的な経験主義を超えて、社会的世界を最終的に構成しているのが人々の意味世界であることを十分に承知していたように思われるのである。

2　シュッツにおける現象学という名の経験主義

ヴェーバー批判

　A・シュッツ（一八九九～一九五九）の社会学は現象学的社会学と呼ばれている。現象学とは哲学者のフッサールが創始したもので、西洋哲学の伝統的な主客二元論を克服し、われわれの認識作業を根源的に問い直すことを通じて、世界とそれについての知識とを根本的に組み立て直すことをめざしたものだ。シュッツ以外にも、M・シェーラー（一八七四～一九二八）、A・F・フィアカント（一八六七～一九五三）、G・ギュルビッチ（一八九四～一九六五）、などが現象学的社会学者として知られている。一般に現象学的社会学といえば、人々のあいだの相互作用の現象学的分析、つまり相互作用を「己れ―汝」という主客二元論に陥ることなく分析することを通じて、人々のあいだの「共同性」を解明しようとする試みを意味している。

多くの論者が、シュッツもまたそのような現象学的社会学を展開したのだと思いこんでいる。学説史の主流はそうだ。たしかにシュッツがフッサールの影響を受けているのは事実だし、現象学的なところがあるのも否定できない。しかし、シュッツが「主客二元論」を克服しようとしたか、フッサールのように近代科学に批判的な姿勢をとってその限界を乗り越えようとしたかといえば、それはまったく違う。シュッツは、ヴェーバーと同じように、むしろあくまで主客二元論を徹底する形で社会学を科学化しようとしたのである。

シュッツの『社会的世界の意味構成』(1932) は、ヴェーバーの理解社会学の批判に向けられている。その焦点は、ヴェーバーが「理解」という言葉で、行為者の行為の主観的な意味を、あたかもそのままの形で観察者が再構成することができることであるかのように論じている点にある。つまり、行為者の主観的な意味を、観察者はけっしてそのままの形で理解することはできない。シュッツは主観的意味連関と客観的意味連関という言葉を使ってこのことを論じている。両者はけっして同一にはなりえない。つまり、主客は依然として分離されたままだ。これがシュッツの社会学の根本をなしている。

シュッツの批判は、ヴェーバー『社会学の基礎概念』の次の文章を対象にしている。

われわれは木を伐るといった行為や狙撃するといった行為を現実的にだけでなく、また動機決定的にも理解する。すなわち木樵があるいは賃金のために、あるいは自分の用のために、あるいは気晴らしのために（合理的）、あるいは「或る刺激に反応するために」（非合理的）、こうした行為を行うことを知った時、あるいは射撃する者が敵を所刑《ママ》または攻撃するという目的の命令によって（合理的）、あるいは復讐から（感動的、したがってこの意味において、非合理的）、こうした行為を行うことを知った時、われわれは動機決定的に理解することになる。（中略）したがって「説明」とは、行為の意味を問題とする科学にとっては、意味連関、すなわち、その主観的に思念された意味にしたがって現実的に理解される行為が内属する意味連関の把握を意味する。（Weber 1921 = 1968：15–16）

ヴェーバーの「現実的理解」というのは、まず、行為を「木を伐っている」とか「狙撃しようとしている」という風に理解することである。つまり、行為を観察者の概念枠組みにおいて定置することである。「動機決定的理解」というのは、行為者がいかなる動機でもってその行為を行ったかあるいは行おうとしているかを理解することである。現実的理解は観察者の「客観的意味連関」に属している。他方、動機決定的理解とは、行為者の主観的な意味連関を解明することを意味している。そして「説明」というのは、現実的に理解された行為を動機決定的な理解に結びつけることを意味している。したがって、上の引用文の最後のセンテンスは、「行為者の主観的な意味連関を把握することが、行為を科学的に説明すること、つまり、客観的に理解することだ」ということになる。

これに対して、シュッツは次のように批判する。

もしも観察される人間は木を伐採するのではなく、何か他の外的経過において同じか、あるいは非常に似通った仕事をしているとすれば、どうであろうか。ドアの引き手を握っている人間は、ドアを閉めようとしてではなく、何か他のドアの操作、たとえば修理を行おうとして、これをしているとすれば、どうであろうか。猟師は、銃で動物を狙っているのではなく、この動物を銃についている照準望遠鏡で観察しようとしているにすぎないとすれば、どうであろうか。外的経過を直接理解するだけでは、これらの問いに答えることはできない。これらの問いは、行為者がその行為に結びつけている主観的意味に向けられているからである。(Schütz 1932 = 1982 : 39)

つまり、観察者に観察できているのはあくまで行為の「外的経過」すなわち振舞いだけだ。振舞いの観測から、行為者の主観的意味をほんとうに理解することができるのか、と問題にしているのである。(この批判は、子供は他者の振舞いをみて規則を習得すると考えたミードにも当てはまるだろう。)

シュッツは、行為者の主観的意味というものは最終的には理解不能なものだと考える。観察者が理解できていると思ったとしても、それは結局のところ観察者のレベルの解釈図式の中で行われているにすぎない。観察者の側が作り上げていく意味世界のことを、シュッツは「客観的意味連関」と呼ぶ。そして、シュッツからすれば、ヴェーバーの現実的理解であれ説明的理解であれ、「どちらの場合にも解釈者には客観的意味連関が与えられながら、どちらの場合にも主観的意味の把握は閉め出されている」(Schütz 1932 = 1982 : 43) のである。

シュッツの「客観性」の意味

それでは、シュッツは理解社会学には何ができると考えていたのだろうか。かれは、『社会的世界の意味構成』の終わりの方で、次のように述べている。

〔理解社会学の〕課題は、なによりもまず、社会的世界で生活している諸個人によって行われる意味解釈や意味措定の諸過程を記述することにある。（中略）この記述は個性的なものや類型的なものをその対象とすることができる。この記述は日常生活の具体的な状況に関して行うこともできるし、また高度の一般性において行うこともできる。しかしこれに加えて理解社会学は、社会的世界における意味措定や意味解釈の過程で構成された他ならぬ文化諸対象に、このようにして獲得された解釈図式を用いることによって接近し、またこれらの文化対象を構成する「意味」を問いなおすことによってこれらを「理解」しようとするのである。(Schütz 1932 = 1982 : 342)

ここで述べている方法は、実質的にヴェーバーが考えていたものと変わらないが、少しだけ特徴がある。第一に、シュッツは「諸個人によって行われる意味解釈や意味措定」を「記述」することに焦点をおいている。つまり、行為者の振舞いとしての行為というよりは、行為者自身によって行われる他者や社会的世界についての解釈を主な対象としており、しかも「理解」というよりは「記述」だと書いているのである。ここには、理解社会学の対象を「行為」から「行為者の意味世界」にシフトさせていく意図が現れている。

第二に、ヴェーバーが『客観性』論文の中で強調していた「文化意義」や「理念型」や「個性記述」

の概念が強調されている。これもやはり理解社会学の対象が個々の行為ではなく、より集合的な「文化対象」であることを意味しているのである。シュッツはわざわざ「類型的」という言い方をしているが、それは理解社会学の行うことが、観察者の側での「類型的」な理解でしかないこと、つまり、観察者の側で作り上げた解釈図式のレベルでの理解でしかないことを言おうとしているのである。

シュッツは「理解」をあきらめているのではない。むしろ、理解社会学を実践していくことがシュッツのめざしていたことであったし、実際、その後の研究人生でそうしていくのである。しかし、その「理解」は、ヴェーバーが『基礎概念』で主張していたものと微妙に異なっている。彼は行為者の主観的意味をそのまま理解することを断念する。そして、行為そのものの理解から、意味世界や文化対象の理解へとシフトしているのである。

ところで、シュッツは観察者が作り上げる解釈を「客観的意味連関」と呼んでいた。これは誤解を招くことばである。「客観的」と言えば、「真実の」「間違いのない」「正しい」ものだという意味に受け取れる。したがって、「主観的意味連関」を「客観的意味連関において把握する」というシュッツの言い方は、あたかも行為者の主観的意味を「正しく」「その真実のありようにおいて」把握することを意味しているかのように思われてしまう。シュッツの書き方をこのように理解した論者は非常に多いのだが、それはシュッツについてのまったくの誤読である。シュッツは、たんに「観察者の構成する解釈図式」のことを「客観的意味連関」と「呼んだ」にすぎない。この「客観的」のことばはたんに「観察者の側の」ということしか意味していない。それには、「対象世界についての真実の再現」という意味はまったく含まれていないのである。

それでは、観察者の理解の「正しさ」ということについて、シュッツはどう考えているのだろうか。『意味構成』の中には、この問題についての考察はみられない。アメリカに渡ったあとの論文「人間行為の常識的解釈と科学的解釈」（Schütz 1973 に所収）で提示された次の有名な三つの公準が、その問題についてのシュッツの答えをなしている。

三つの公準の意味

① 論理的一貫性の公準
② 主観的解釈の公準
③ 適合性の公準

このうち、①論理的一貫性の公準は、およそ学問的研究が従うべき一般的な条件であるから問題はないが、とくに理解社会学に固有の条件ではない。

次の②主観的解釈の公準は、理解社会学固有のものだ。この公準はその名称からして、「行為者の行為とその背景を、行為者の主観的観点から解釈すること」を意味しているかのようにみえる。（そう理解している社会学者は少なくない。）しかし、そうすると『意味構成』でシュッツが強調した、「主観的意味」をそのまま理解することは断念するという基本姿勢は、ここでは取り消されているのかという疑いが生じる。

じつは、そうではないのだ。というのは、この公準を説明するシュッツの文章は、まず、社会科学は「行為とその背景を行為者の観点から解釈するという主観的な観点に言及せざるをえない」と書き、そのあとで、「こういった主観的解釈の公準は……」とつながっているのだが、この文章を厳密に読めば、シュッツのいう「主観的解釈の公準」は、「行為者の観点から解釈すること」ではなく、「主観的な観点に言及すること」なのである。つまり、行為者がみずからどう解釈しているかを問題にはするのだが、行為者の解釈をそのまま再現するのではなく、それについて言及することだけがもとめられているのである。したがって、主観的解釈の公準は、けっして、観察者の構成する解釈が行為者の主観的解釈と「一致すること」を意味しているのではない。

最後の③適合性の公準は、理念型やモデルを用いた探究がその対象ともつべき関係性についての条件をなしている。念のために、シュッツ自身の説明を示しておこう。

> 人間行為の科学的モデルに含まれているそれぞれの言葉は、次のようにして構成されていなければならない。すなわち、個々の行為者が類型的な構成概念によって指示されたように生活世界の中で行為を遂行するならば、そうした人間行為は、その行為者の相手にとってと同じく行為者自身にとってもまた、日常生活の常識的な解釈という観点から理解可能である、というように構成されていなければならない。（Schütz 1973 = 1985〔第一巻〕: 98）

ここで言われているのは、「社会科学の構成的なモデルは、行為者自身の日常的な解釈の観点からも理解可能でなければならない」ということである。言い換えれば、普通の人からみてどうやっても理解することが不可能なような概念や論理でもって組み立てられるのはよくない、ということである。

シュッツは、社会科学のモデルが行為者の解釈に合致していることを要求しているのではない。せいぜい、「理解可能」であることを要求しているのである。

以上の三つの公準は、シュッツにとって、日常的な社会的世界を対象とする社会科学が従うべき条件である。つまり、個々の社会科学の探究がよいものであるか否かの評価基準を設定している。しかし、ここには「社会科学の探究が、対象である日常的な社会的世界を正しく把握していること、正確に理解していること、真なる認識を得ていること」という条件は提示されていない。

なぜそうか。それは、シュッツが、社会科学の認識とその対象である日常的な社会的世界とを、最終的にどうやっても通約不能な別の世界のものだと考えたからである。客観的な意味連関と主観的な意味連関とは、いわば永久に交わることがない。これが、シュッツの一貫した考えである。

これは、シュッツの考える社会科学が、対象である日常的な社会的世界に対して、「外側」に立っていることを意味している。ちょうど、いわゆる未開部族を探究する人類学者がそうであるように、社会科学者は対象世界の外側に立って探究する。じっさい、シュッツは次のように言っている。

社会科学者は社会的世界のうちにいかなる「ここ」ももってはいない。(Schütz 1973 = 1985 : 92)

社会科学者は、社会的世界から独立している。それが、シュッツの「客観性」の意味するものである。シュッツはまた、社会科学者が「無心」であるとも述べている。無心であるとは、社会的世界にコミットしていないこと、日常的な行為者たちの価値関心、政治的対立、利害、などといったものから超越していることを意味している。シュッツにとっては、社会科学者がそのように「無心」であることが、社会科学が「客観的」であることの基盤をなしている。

これがシュッツの「客観性」の意味である。

3　社会学の客観性問題

経験科学としての社会学

一九六〇年代までの社会学は、自らが、対象である社会的世界に対して「外部」に立っているとか、立たなければならないとか考えたことはほとんどなかった。例外的に、かつてマンハイムが『イデオロギーとユートピア』（1922）において、「知識の客観性」を問題にしたとき、「浮遊する知識人」というどこにも属さない社会層を設定して、それによって一定の「客観性」が可能になるかのような議論をしたことがある。

むろん、社会科学なかんずく社会学の客観性問題は、ヴェーバー以来、ずっと大きな関心の的であり続けてきた。しかし、戦後から六〇年代の半ばくらいまで、潜在的なものにとどまっていた。

問題が表面化しなかったのには、一つの大きな要因がある。それは、「社会調査にもとづく経験的な社会学」が盛んになったことである。ヴェーバーやデュルケムの時代にもすでに経験的な社会調査は社会学の重要な方法となっていた。とくに、デュルケムは『自殺論』（1897）で厖大な各国の自殺統計データを駆使しているし、『宗教生活の原初形態』（1912）では、人類学的な調査資料を縦横に活用している。

そのころ、アメリカではシカゴ大学を中心として、フィールドワークによる社会学研究が盛んになり、シカゴ学派が形成されていく。また、コロンビア大学を中心に、世論調査の手法が社会学に取り入れられ、量的ないし統計的な社会調査が発展していく。

五〇年代には、社会学といえばフィールドワークかもしくは量的な調査を行うものだという了解が確立していた。社会学は「経験科学」である、というアイデンティティが確立するのである。

これによって、客観性問題は問題として意識されなくなった。なぜなら、社会学は調査にもとづく経験的データを分析し、そこから知識を作り上げていくのだから、その知識の「客観性」は、対象となる「経験的データの客観性」に根拠をおいている。できるだけ正確なデータを収集し、正しく分析すれば、社会学の客観性は担保される。そのように考えられたのである。

客観性への懐疑と構築主義の台頭

一九六八年の学生叛乱には、「知識の客観性への根本的懐疑」が一つの共通の背景にある。フランスの知識界では構造主義が流行していたが、それは（戦後のフランス知識界では真なる正統的理論とみなされてきた）伝統的マルクス主義への懐疑を意味していた。アメリカでは、人種対立やベトナム戦争によって、「世界はアメリカ的な自由の価値の進展を通じて順調に発展していくだろう」という素朴なアメリカ至上主義的世界観が崩れつつあった。日本では、明治以来の近代日本をひっぱってきた「帝国大学を中心とする大学システムと知的エリートたちの権威」が解体していった。（「大学解体」が叫ばれたのが、その象徴である。）

科学哲学の分野では、クーンの『科学革命の構造』（1962）やファイアーベントの『方法への挑戦』（1975）などが注目を集める。これらは、自然科学そのものの客観性に懐疑の眼を向けるものであった。

折しも、戦争や環境問題は、自然科学といえどもはたしてほんとうの意味で「客観的に正しい」といえるのかという疑問を提起していた。

社会学ではすでに六〇年代から、社会学的知識の客観性を問い直して、新しくより確実な客観性の地平を構築しようとする試みが始まっていた。一つが、ベッカーのレイベリング論であり、もう一つが、バーガー＝ルックマンの『現実の社会的構成』(1966) である。このどちらにも共通するのは、社会学を日常的知識から切り離して、日常的な視点とは別の、それを超えた視点から社会的世界を解明する学問として定立しようとすることであった。

すでに第1章で述べたように、ベッカーはマリファナ使用などの現象を取り上げて、それらが「逸脱」だとされることにはたして「客観的」な根拠があるのか、という問いを発し、結局のところ、逸脱とは社会的に定義されたもの、つまり、社会が逸脱とみなすから逸脱なのであって、「逸脱」をあたかも客観的、実体的に存在するものであるかのように考えてきたそれまでの社会学に反省をせまったのである。このレイベリング論は、マイノリティに関わる社会学研究にまったく新しいパースペクティブを提供した。ジェンダー、人種、エスニシティ、障害者、セクシュアリティ、等々のさまざまな領域で、マイノリティの人々が置かれてきた社会的現実に、まったく新しい光をあてて考察するようになったのである。一言で言えば、それまで社会において自明のこととして疑われもせずに存在してきた「差別」の構造を明るみに出し、そのメカニズムを考察し、ばあいによっては告発することをめざす研究が盛んに展開されるようになったのである。

他方、バーガーとルックマンの著作は、社会的世界は人々によって客観的で実体的に存在していると考えられているけれども、ほんとうは社会的に構築されたものであることを、より理論的に論述したものである。かれらは、「制度的世界の客観性は、……人間によって構成された」もの（Berger and Luckmann 1966 = 1977：104）でありながら、類型化、習慣化、対象化、客観化、あるいは物象化などの作用によって、「構成されたもの」ではなく、なにか外部に実在するものであるかのように現れるのだと分析している。

社会的世界の客観性は、それが人間に対して彼の外部に存在する何物かとしてあらわれる、ということを意味している。（Berger and Luckmann 1966 = 1977：152）

この考え方は、かつてデュルケムが「社会的事実」の概念を提示したときの論理を完全にくつがえしている。デュルケムは、社会的事実が「モノのように」客観的に存在していることの根拠をまさに、規範や制度のようなものがわれわれに対して外在し、われわれを拘束していることの中にもとめていた。しかし、バーガーとルックマンは、それこそまさに「物象化」の表れだというのである。われわれを拘束していることは、それらが客観的に存在していることの証拠ではなく、たんに「客観的な存在だとみなしてしまう」という自明視の結果なのである。

外的視点に立った客観性

われわれは社会的世界を自明視している。つまり、当たり前のもの、当然のもの、そうである以外に他のありようがないものだとみなしている。そのことを浮かび上がらせることに焦点をおいているのが、エスノメソドロジーである。H・ガーフィンケルの有名な実験がある。学生に指示して、友人や家族との会話で、相手の言うことにいちいち「それは何のこと?」などと聞き返してみるようにさせたところ、相手が怒りだしてしまったという話である。たとえば、次のような会話である。

相手：きのう、タイヤがパンクしちゃった。
学生：タイヤがパンクしたって、どういう意味?
相手は、ちょっとあぜんとしたように見えた。そして、怒った感じでこう答えた。「『どういう意味?』って、どういう意味?パンクしたってことはパンクしたってことでしょ。そういう意味よ。特別な意味なんかない。ばかな質問しないで!」(Garfinkel 1967：42)

子供がそうすることはよくある。子供の質問に対してなら、親は一生懸命に、それぞれの言葉の意味は何か、世界はどうなっているか、社会のしくみはどうなっているかを教えようとするだろう。しかし、成人した大学生が同じような質問を投げかけてきたら、それは「からかっている」「ふざけている」「理屈をもてあそんでいる」としか受け取れない。なぜなら、世界が他のようにではなく今あるように存在していることは、当たり前のことではないか。それをいちいち疑問に思うのは、大人の態度ではない、と考えるからである。

エスノメソドロジーはその後、会話分析に専門特化していった。日常的な会話の中に潜んでいる人々の自明視の構図を明らかにしていくことをめざしたのである。とくに、そこに隠れている「権力」の構造やはたらきを明るみに出すことをめざした。このばあい、「権力」という概念は、「人々を無意識のうちに拘束しているありとあらゆる社会的なもの」というほどの意味で用いられている。言い換えれば、われわれが日常生活において当たり前のこととして気づいていないような、隠れた無意識の社会の制度的構造を明らかにすることをめざしているのである。

現象学的社会学もエスノメソドロジーも、社会学をその対象である日常的世界の外部に立つ視点で構築していくことを旨としている。これをさらに自覚的に遂行しようとしたのが、社会問題の構築主義である。

社会問題の構築主義は、「社会問題」という概念そのものがすでに日常的世界の解釈図式に染まっているという認識から出発する。社会学者がなんらかの「社会問題」を考察の対象にするとする。犯罪でも、アルコール依存症でも、喫煙でもいい。あるいは、労使紛争や地域開発をめぐる対立でもいい。「社会問題の社会学」はまずもって何かの現象を「社会問題」と同定することから始まる。

しかし、何かが「社会問題」だということは、そこに「問題がある」と判断していることを意味する。「問題がある」とは、その現象に価値や規範の観点からみて問題があるということである。社会学者が社会問題をとりあげて考察しようとすれば、彼女・彼自身がそこに価値的・規範的な問題があるという認識をもっていることを意味してしまう。それはある意味で、研究者自身が対象である「社会問題」にコミットしてしまうことを意味してしまうのである。

社会問題の構築主義は、社会学者がそのように対象に対してコミットしてしまうことは何とかして回避するべきだと考える。それは、「何が社会問題であるか」の判断にコミットしないことでなければならない。そのために考えついたのが、「社会問題」の同定をあくまで当事者たちの判断にゆだねるという戦略である。当事者たちが「社会問題だ」とみなすものが、社会学者が「社会問題」という言葉で扱う現象を定める。具体的には、当事者たちが「社会問題」という言葉を使っているとは限らないので、かれらの「クレイム申し立て」行動から、判断することになる。当事者たちがクレイム申し立てを行っていれば、そこに「社会問題」があり、その社会問題を社会学者が対象として考察すればいい、と考えるのである。

この戦略には、当然多くの反論があり、論争が展開されてきた。その詳細はここでは省く。

ポスト・モダニズムの外的視点

エスノメソドロジーにしても社会問題の構築主義にしても、対象世界から独立して、当事者（日常生活者）たちの意味世界の外部に立って、その意味世界とその中で営まれる社会的世界とを解明するという方法戦略をとっている。社会学とはそういう学問だ、と考えるのである。

こうした「外的視点」という戦略は、一九七〇年代以降の社会学にとっては、主流のものになっていった。それは社会学だけでなく、社会に関わるさまざまな探究や学問分野でひろく共通にみられた戦略であった。

たとえばM・フーコー（一九二六～一九八四）がそうである。フーコーの著作は、近代社会や近代の知が自明のものとして無意識下においている暗黙の構造を明るみに出すことをめざしていた。初期の『臨床医学の誕生』（1963）や『狂気の歴史』（1972）は、まさにベッカーが同時代のアメリカ社会の「逸脱」概念について行ったように、「狂気」や「病気」という「逸脱」が社会的に構築されたものであると主張したのである。晩年の『性の歴史』（1976）は、「権力」の概念を用いてセクシュアリティの構築性を考察したものだ。また、かれの「知の考古学」という言葉は、近代社会を構築してきた「知」を対象として、それをあたかも考古学者が古い遺跡から昔の意味世界を探究するようなかたちで解明していくことを意味していたのである。

フーコーと並ぶフランス現代思想の双璧の一人、J・デリダ（一九三〇～二〇〇四）の「脱構築」は、近代思想や近代科学だけではなくそれまでの西欧思想全体を俎上にのせ、その「脱構築」をはかった。

科学的「客観性」と呼ばれるもの〔は〕……その広大さにもかかわらず一つのコンテクストにとどまっている。（中略）脱構築〔は〕……こうした縁なきコンテクストを考慮に入れ、コンテクストに対して最も鋭敏で広範な注意を可能な限り張り巡らせており、それゆえ、再コンテクスト化の絶え間なき運動なのだ……（Derrida 1990 = 2002：293-294）

このデリダの脱構築は、フーコー以上に、J・バトラーの『ジェンダー・トラブル』（1990）などを通して、フェミニズム、クイアー理論、ポスト・コロニアリズムなどを中心に社会学の「構築主義」の形成にも影響を与えた。また、デリダを英語圏の哲学界に紹介するのに功のあったR・ローティ（一九三一～二〇〇七）を中心にして、ほんとうは「構築されたもの」をあたかも自然か何か人間の外部に根拠があるかのように考えたり、そういう根拠を確立しようとすることを「本質主義」や「基礎づけ主義」と（批判的に）呼ぶならわしが広まっていった。

Ｅ・Ｗ・サイード（一九三五〜二〇〇三）の『オリエンタリズム』（1978）も、近代の社会科学を疑い相対化する上で、大きな影響をもった。オリエンタリズムというのは、もともとはオリエント（中東から東のアジア）の研究、東洋学という意味である。サイードは、英米のオリエント研究が伝統的に、異質で劣等な、ときには保護すべき対象として他者をみるまなざしでオリエントを研究してきたと告発したのである。（そのことは、サイードに言われなくても、「蝶々夫人」や『菊と刀』で、日本の知識人はみんな気づいていたことだ。）それ以来、オリエンタリズムという言葉は、「異質で劣等な他者という前提と好奇のまなざしで行われる」研究全般をさすようになった。

脱構築もオリエンタリズムも、それまで「客観的」だとみなされてきた近代の社会思想あるいは社会についての学術研究を疑い、告発するものである。その客観性への懐疑は、社会学における社会学自身の客観性への懐疑と軌を一にしている。ほんらい学問とは客観的な真理をめざすはずのものだ。にもかかわらず、実態はそうなっていない。「客観性」の名のもとに、むしろ偏見と差別にみちた知識を生産している。そうした告発が、一九七〇年代以降の、世界の知識世界にひろがっていった。

4　外的視点の限界

構築主義のジレンマ

社会学に戻って言えば、社会学の客観性への懐疑は、経験主義と外的視点という戦略の採用に結びついていった。バーガー＝ルックマンの議論と社会問題の構築主義、それに脱構築に影響されたジェンダー研究やマイノリティ研究などを含めて、「社会学的構築主義」とでもいうべき一般的潮流が成立している。

社会学的構築主義は、次のテーゼにまとめられるだろう。

①　社会的世界はモノのように確固として実在するのではなく、構築されたものである。

②　社会的世界が構築されているありさまを明らかにすることが、社会学的探究の目的である。

③　そのためには、社会学は対象としての社会的世界の外部に位置しなければならない。なぜなら、ⓐ構築された社会的世界は、日常的生活者の偏見や根拠のない信念からなっており、ⓑその内部にとどまることは、それらからの影響下にとどまることを意味するからである。

④　こうした外的視点に立脚した探究の基盤となるのは、社会的世界の中にあっても「構築されてはいないもの」を探しだし、それを探究の出発点に据えることである。

この「構築されてはいないもの」とみなされた例としては、社会問題の構築主義における「クレイム申し立て」、フーコーにおける「身体」、フェミニズム権力論のスミスの「生きられたリアリティ」、ブルデューにおける「客観的構造」などがある。

いずれにしても、一九六八年以降に先鋭化していった「社会学の客観性問題」に対して、社会学者たちは「外的視点」という戦略をとることで、客観性を再確立しようとしてきたのである。外的視点とは、対象である日常生活者の意味世界の外に立つ視点のことである。社会学者はいわば「社会」の外部に立つ。そもそも「社会」そのものが、日常的な意味世界によって構築された観念だ。（この認識は間違っていない。）日常的な意味世界のレベルでの世界理解を自明視することはできない。社会学はその外に立つことで、はじめて、自らの客観性を確立することができる。多くの社会学者がそう考えた。

しかし、ここには当然、一つの難問が生じる。それは、社会学者および社会学もまた、結局のところは社会的世界の内部に生きているのではないか、ほんとうにその外に立った視点というものを確保することができるのか、という問題である。

バーガーは共著者ケルナーと著した『社会学再考』（1981）において、その問題を正面から扱っている。彼によれば、それまでの社会学にはしばしば「政治的用法」がみられた。それには、工学的なテクノクラシー的用法と宗教的あるいは政治的なイデオロギー的用法とがある。テクノクラシー的用法は、人々を工学的な操作の対象とみなしてしまい、さまざまなゆがみをもたらすという問題がある。他方、イデオロギー的用法も、マルクス主義に代表されるように、むしろ世界に災厄をもたらしてきた。

その認識の上に立って、バーガーとケルナーは次のように述べる。

知的廉直をたもつためには、社会学は神義論を提供することができないということを、人は力説しなければならない。つまり、人間の個人的あるいは宗教的な実在に関する究極的な問いに「ついては」、社会学は不可知論的であり続けなければならない。（Berger and Kellner 1981 = 1987 : 208）

これはほとんどヴェーバーの主張である。つまりは、信仰の問題に対しては社会学は介入しない、という立場である。

しかし、その一方で、かれらは重要な問題を提起する。それは、このように社会学が社会の外に立つことで新たな問題が生じることである。かれらは、構築主義的な社会学が「脱制度化作用」を伴うと指摘する。脱制度化作用とは、現存する制度（規範や価値意識を含む）に対して、相対主義的で懐疑的な態度を示すことである。本書の冒頭で紹介した「斜めに構える」態度がまさにそうだ。かれらは、手放しでそれを賞賛することはできないのではないかと考えているのである。

かれらは、「学問の美徳は文化の悪徳になりがちである」とか、「科学的な価値自由性が日常生活における価値自由性となる」（Berger and Kellner 1981 = 1987 : 230）などと述べて、外的視点からする社会学という学問が、日常的世界を構成している制度的なもの、規範や慣習の解体に寄与するだけに終始してしまうのではないかと危惧するのである。

この問題についてのかれらの一応の結論は、社会学者の「二重市民権」という考えだ。つまり、社会学者は一方では客観的な認識をめざす外的視点の市民権をもちながら、他方では、自らの生きている社会における当事者という市民権ももつ、というのである。

> 社会学的な営為における客観性という古典的な理念を強く再確認する一方、これは解体しつつある社会に対する傍観的でシニカルな観察という立場を意味するという考えを、否定しつづけてきた。
> （Berger and Kellner 1981 = 1987 : 204）

一つの解答の試みとして、これはありうるだろう。これも、ヴェーバーの価値自由と決断主義との二重性を彷彿させる。しかし、はたしてそうしたことは可能なのか。外的視点に立って客観性を追求している社会学者は、いったいいかなる理論を用いて、日常生活者として解体しつつある社会を立て直そうとしうるのだろうか。バーガーたちは、これには何も答えていない。

社会学の客観性のシニシズムという問題に対して、やや異なった考えもみられなくはない。たとえば、ポストモダニズムの影響を受けた立場から社会学をそれなりに再構築しようと考えているS・サイドマン（Seidman 1992）がそうだ。かれは、社会学は本来的に対象社会の外部に位置することはできないという観点から出発するしかないと考えている。彼は、社会学者といえども社会的世界の住人なのだから、客観主義的に一般理論を構築しようとしても結局のところ文化拘束的で自文化中心主義をまぬがれることができないとする。そのため、社会学が行うべきことは、「系譜学的社会学分析」と「局所的ナラティブ」だというのである。

系譜学的社会分析（この表現には、フーコーの影響がある）とは、「自然なものとみなされているアイデンティティと制度的秩序［が］社会的に生産されたものであることを説明することによって「人々を拘束している本質主義やアイデンティティから解放すること」をめざすものである。これは、何かに囚われているために精神の正常さを見失っている患者に対して、その人が囚われていることに自ら気づくことを手助けすることを通じて、患者を治療しようとする精神科医の実践のようなものだ。

局所的ナラティブというのは、ホームレスやアンダークラスやエイズや離婚のような出来事を、それぞれ個別的な社会的文脈において分析することによって、異質で多様な意味を人々に提示することをめざすものである。これはむしろ、当事者の視点を重視することだ。ただ、ここで想定されている当事者はマイノリティの人々であって、多数派の人々にとってはいわば異質な他者である。サイドマンは、そうした人々の異質な意味世界を開示することを通じて、何か、社会的世界にとって望ましい事態が起こるのではないかと考えているのである（Seidman 1992 : 70）。

このサイドマンの考えは、「外的視点」に立とうとするものではない。それと同時に、注目すべきは、ここでサイドマンは暗黙のうちに経験主義を超えた問題意識を提示しているのである。かれは、「拘束から解放されること」や「多様な意味が提示されること」が望ましい事態だと考えているのである。つまり、社会学がわれわれの社会的世界の改善に寄与しうると考えているのだ。もっとも、サイドマンは明示的にはそうは言っていない。しかし、たんにシニカルに傍観者的態度をとるというのとは異なる方針を示唆していることは間違いない。

ルーマンのパラドクシカルな戦略　じつを言えば、外的視点とか構築というような言葉はいっさい用いていないけれども、ルーマンの社会システム理論こそは、外的視点に立った社会学理論を確立しようとする最も代表的な試みである。もっとも、一般的には逆の理解の方が蔓延している。たとえば馬場（2001）は、ルーマン社会学は、パラドックスとしてしか存立しえない社会の中で社会学もまた徹底的にパラドクシカルであることを貫徹しようとする社会学的実践であるという見方を示している。これは「内部性」に徹底することを意味している。

たしかに、ルーマンはパラドックスとかセカンド・オーダーの観察とか自己言及とかのことばを用いて、社会学が、社会の内部にとどまりながらあたかもその外部から観察するというパラドクシカルな方法的立場に立つものであることを強調している。ルーマンが、社会学の内部性を一〇〇パーセント意識していることは事実である。

晩年の著作『社会の社会』の序言に次のような文章がある。

> 自分自身を記述する全体社会はその記述を内部で行う。しかし同時に記述は、あたかも外部からのものであるかのようになされるのである。全体社会は自分自身を、自己の認識の対象として観察する。……全体社会は、自分自身を内部から観察しているのか外部から観察しているのかという点を、未決のままにしておかねばならない。しかしまたそう公言しようとすれば、パラドクシカルなアイデンティティに依拠しなければならなくなる。(Luhmann 1997 = 2009 : xi)

ルーマンの「社会学」は、「全体社会」の理論であると同時に、全体社会についてのそして全体社会内部でのコミュニケーションを構成している。したがって、社会学自身が実際上は内部から行う記述なのだが、それは「あたかも外部からのものであるかのように」なされるのである。「内部からのものだ」というのは当然で、全体社会を対象とする限り、社会学といえども実際にその外部にでることはできない。それは不可能だ。しかし、にもかかわらず「あたかも外部からのものであるかのように」記述するのが社会学なのだ。それが、ルーマンの考える社会学の本質的な特徴である。

実際は内部からなのだが、あたかも外部からであるかのように記述する。これは、ルーマンが初期のころからとっていた戦略である。たとえばルーマンの初期の仕事に『法社会学』(1972) があり、「複雑性の縮減」といった情報理論家アシュビーの概念を借用したり、「規範」を「抗事実的予期」と概念化したりといった試みがみられるが、それらは、法や規範のようなまさに内部から社会的意味世界を構成する現象を、あたかも「外部」からの観察であるかのような用語を用いて分析しようとしたものだと理解することができる。

こうしたルーマンの外部化戦略は、「機能分化」の概念を用いて「システム」を評価する観点を提示しようとしている点に如実に表れている。この点では、ルーマンの社会学は、ヴェーバーのような価値中立に徹するものではない。

しかし、ルーマンの著作のどれを見ても分かることだが、彼は、対象である社会あるいは全体社会が内的に意味づけている諸価値や意味そのものをあくまで「対象」として扱う。つまり徹底的に「外的視点」から記述しようとする。それはたとえば「ゼマンティク」というような概念にみてとれる。ゼマンティクとは、社会の自分自身についての意味了解の構造のことだ。言い換えれば、社会が自らを秩序づけるために動員している意味や価値のことだ。たとえば、近代社会は自らを「近代」だと位置づけ、「自由」や「平等」というような価値を標榜して秩序を構築しようとしてきた。それぞれの社会にはそれぞれのゼマンティクがある。

こうした分析において、ルーマンはけっして自由や平等に共感を示さない。八〇年代以降、社会的関心の高い「リスク社会論」や「環境問題」に対してもシニカルな言及がみられる。

ルーマンの立ち位置は、究極的な外的視点というべきものである。かれが「パラドックス」を語るのは、あくまでかれ以外の社会学や社会についての観察がそうだというのであって、かれ自身の社会学のことを語るときではない。かれ自身の社会学はパラドックスを超越している。

いってみれば、ルーマンはみずからを「神の視点」に置こうとしているのである。あたらしい神学の構築。それがルーマンの企図だといっていい。

しかし、むろん、それが成功しているとはとうてい言えないし、成功する可能性はない。

第9章　規範的社会理論への展望

一九七〇年代以降、ひたすら経験主義的な外的視点をとろうとしてきた社会学とは対照的に、ロールズに始まる現代リベラリズムは、社会についての規範理論の構築に積極的に取り組んできた。もっとも、両者は、多元的で多様な価値や文化が並存する現代社会に対して、いかにして普遍的な理論を構築するかという問題関心では共通していた。

現代リベラリズムは華々しく展開されて、一定の成果を達成してきたけれども、規範理論として成功しているとはいえない。それは、基礎づけ主義という方法でもって、理論の普遍性を確保しようとしたからである。他方、コミュニタリアンの方も、現存する人々の規範意識を根拠にできるという誤った前提に立っている。

1　リベラリズムの挑戦

現代リベラリズムの三つのテーゼ　一九七〇年代以降、現代社会学は経験科学というアイデンティティを一層強化させ、けっして社会の規範的・道徳的問題には関わらないというスタンスに徹しようとつとめてきた。しかし、それには多くの問題がある。厳密に社会の外に立った視点で社会を考察することがはたして可能かどうか、大きな疑問が生じている。

社会学者がこうした問いに関わっている一方で、外的視点などという問題を最初から無視している学問分野もある。社会はどうあるべきかを主題としている道徳哲学、倫理学、法学、法哲学、政治哲学、などがそうだ。その中で、この二、三〇年のあいだ、もっとも積極的に社会についての規範的理論の構築に挑戦してきたのがリベラリズムである。

リベラリズムと一口に言っても、それにはさまざまなバージョンがある。これから紹介して論じるのは、一九七一年のロールズの『正義論』以降、それに触発されるかたちで盛んに展開されるようになった現代リベラリズムである。この現代リベラリズムの理論構図は、「ベンサムのテーゼ」「ミルのテーゼ」そして「ドゥオーキンのテーゼ」という三つのテーゼで捉えることができる。（現代リベラリズムの全体的な理論構図については、盛山〔2006b〕を参照。）

① ベンサムのテーゼは、すでに第1章で紹介している。「存在するのは個人であって社会はフィクションである。したがって、社会的制度や取り決めの良し悪しは、それが諸個人の厚生（welfare）にどう影響するかによって決まる」というテーゼである。これは「幸福原理」と呼ぶことができるだろう。幸福とはあくまで個人的なものだ。個々の人々がどの程度幸福であるか、それが人々の集まりである社会の良さの基準だという考えである。

② ミルのテーゼとは、「個人は、自分だけに関わる事柄については自分で自由に決定できる」というテーゼである。これは、逆に「他人にも関わる事柄については、他人に危害を与えてはいけな

い」という意味を含んでいるので，しばしば「危害原理」と呼ばれる。

③　最後に，ドゥオーキンのテーゼとは，ロールズと並ぶ現代リベラリズムの旗手であるアメリカの法哲学者R・ドゥオーキンが提示したもので，「何が個人の幸福であって，どういう幸福が増進されるべきかについて，政府は中立でなければならない」というテーゼである（Dworkin 1985）。これは「中立性原理」と呼ばれる。

幸福原理は，リベラリズムの根幹をなす個人主義をもっとも端的に表現している。実質的に存在するのは個人だけだ。社会は諸個人の集まりのうえに擬制的（fictionaly）に設定されたものだ。ヴェーバーも同じ前提に立って，理解社会学や行為理論を展開しようとしたのである。

ちなみに，ヴェーバーの立場は「方法論的個人主義」と呼ばれるが，ここでの「方法論」という限定のしかたは，「存在論」に対立してではなく，「規範的個人主義」つまり「個人の自由を最大限に尊重すべきだ」という主張とは区別するためのものである。ヴェーバーが価値自由を唱えたことから考えても，かれと規範的個人主義とは結びつきがたい。

それに対して，リベラリズムはまさにこの規範的個人主義を主張している。その中核にあるのがミルの危害原理である。個人に何が許されるか。社会や政府は個人のいかなる行為をどんな理由で禁止したり拘束したりすることが規範的に正当化できるか。その問いに対して，最大限の自由が許されるべきだと答えるのがこの原理である。

中立性原理は，直接に個人の行為に関してではなく，制度や政策が個人の幸福に影響するしかたについての規範的条件を述べている。個人が何に幸福を感じるか、どのような人生に意義を見いだしているか、何が正しくて何が間違っているか。いかなる財や出来事に価値があると思うか。世界の真理とは何か。そうした事柄は個人のあいだで多様である。文化やライフスタイルの問題だといってよい。この多様性について、政府の政策や社会の制度は中立的でなければならないという規範的原理である。

社会学との対照

リベラリズムの三つのテーゼはすべて規範的な主張である。これは、一九七〇年代以降の社会学がとってきたスタンスとは逆だ。社会学がその中に規範的な主張を含意することについて極度に神経質になり、規範的な含意をできるだけそぎ落として、もっぱら経験的な主張だけに徹しようとしてきたちょうど同じ時期に、リベラリズムはむしろ真正面から規範的主張を掲げて展開されたのであった。

しかもリベラリズムは、かつてヴェーバーが「神々の闘争」（『職業としての学問』〔1919〕）と呼んだ問題に真正面から取り組んだのである。すでに述べたように、ヴェーバーは、「神々の闘争」問題あるいは「信仰の問題」は、学問にたずさわる個人にとっては個人の責任において判断し関与すべき問題であるけれども、学問としての社会学が取り組むべきものだとは考えなかった。リベラリズムがチャレンジした課題はまさにこの問題であった。

そのための理論装置が中立性原理である。「神々の闘争」とは、今日風にいえば、文化と価値の「多元性」である。さまざまな生き方をし、さまざまな価値をいだき、さまざまな神を信じる人々がいる、この多元的な世界はいかなる規範的原理でもって秩序づけられるべきかというメタ規範的問題に答えようとしたのがリベラリズムである。

むろん、リベラリズムの想定している多元的世界とヴェーバーの神々の闘争とには違いがある。ヴェーバーの念頭には、まずもって、熾烈な政治闘争を繰り広げる政治的イデオロギーの対立があった。マルクス主義、社会民主主義、アナーキズム、国家主義、自由主義等々である。さらには、これらと密接に関連した世界観や信仰の対立がある。カソリックとプロテスタント、プロテスタント内部の諸宗派、キリスト教以外のさまざまな宗教や神々、無神論、世俗主義、等々である。実際、一九一七年にはロシア革命が起こって、ロシア内部には激しい内戦が繰り広げられ、敗戦後のドイツや中欧諸国でも共産主義革命や反革命や政治的テロが勃発していたのである。

今日でも、そうした激しい闘争がないわけではない。イスラム原理主義を背景とするテロは世界中を脅かしているし、依然としていくつかの国は共産主義を奉じて国内的な弾圧と国際的な緊張を作り出している。

しかし、リベラリズムが念頭においている多元的世界における対立はそれよりは少しおだやかなものだ。まず、妊娠中絶をめぐる問題がある、あるいは、同性愛や同性婚である。さらには、ジェンダー差別やマイノリティの権利をめぐる諸問題が関わっている。リベラリズムはこれらに対して基本的に「個人の選択の自由」と「マイノリティの権利」を主張するかたちで展開された。

社会学とリベラリズムとの奇妙な対照には、おそらく論理的な基盤がある。秩序問題への社会学的アプローチが挫折し、それにとって代わるかたちでリベラリズムの試みが推進されたのである。社会学的アプローチは基本的に個人と社会との一種の予定調和を基軸としていた。典型的にはパーソンズの社会システム論がそうである。諸個人は地位や役割を通じて社会システムに機能的かつ整合的に組み込まれている。潜在的なコンフリクトはあるものの、個々人が全体としての社会システムに統合されることでそうしたコンフリクトは極小化されている。

秩序問題へのこのパーソンズ的解答は、一九六〇年代半ば以降のベトナム戦争、学生叛乱、極左運動、人種闘争、フェミニズムなどの動きの中で、急速に信憑性を失ってしまった。そこから社会学は、規範的主張からの撤退を始めたのである。

それに対して、個人を全面に押し立てるかたちで新しく秩序問題への解答を提示しようとしたのがリベラリズムであった。リベラリズムは、社会的に予めアレンジされた地位と役割のセットというような前提を置かない。地位と役割は所与として存在するのではなく、個人を出発点にして、白紙のうえに構築されるべきものである。出発点に置かれるべきは、まずもって個々の個人の自立した自由な人生であり、その人の固有の価値観、文化、生き甲斐、であるべきなのである。

ロールズのリベラリズム

この構図を明確に打ち出したのが、ロールズの『正義論』(1971)である。そこで展開された有名な理論装置に、「原初状態における無知のヴェールのもとでの正義の原理の選択」というものがある。これは、「もしも人が白紙の状態で、かつ偏りのない観点から、社会の制度がしたがうべき規範的原理を決めるとすれば、どういう原理を採択するだろうか」という思考実験の装置である。白紙の状態での合意という体裁をとっているので「契約論的」とみなされている。この設定から、ロールズは次の「正義の二原理」を導き出す。

① 各人は、全員にとっての同様の自由の体系と両立しうるような、平等な諸自由に関するもっとも

広範な全体的体系に対して、平等な権利を持つ。

② 社会的および経済的不平等は次の条件を満たすものでなければならない。すなわち、ⓐもっとも恵まれないものにとって最大の利益となること（格差原理）。ただし、公正な貯蓄原理と斉合的であること。ⓑ公正な機会の平等という条件のもとですべての人々に開かれた役職と地位に伴うものであること。

ここでは、この二原理の内容については論じない。いずれにしても注目すべきは、「正義の原理」というものが想定されてその具体的な内容が提示されたということである。正義や正義の原理というのは、昔から倫理学や道徳哲学で論じていると思われるかもしれないが、じつはロールズ以前には、けっして中心的な探究の主題ではなかった。むろん正義という概念自体は昔からある。しかし、ロールズはそれに新しい意味を盛り込んで、しかも具体的な内容を詰め込んだのである。

ロールズ理論の新しさは、次の三点にある。第一に、正義を、認識論において真理がそうであるように、道徳理論の最高の価値に設定し、正義のもとでこそ社会のよい秩序が保たれるとした点にある。正義をこれほどの高い価値に引き上げたのはロールズの発明である。第二点は、この正義の原理の具体的な内容を導き出すうえで、原初状態での合意という契約論的な理論装置を用いたことである。そして第三の点は、その内容において、自由と平等という近代社会の二つの大きな理念を統合するかたちで正義の原理を組み立てたことである。

2　リベラリズムをめぐる争点

現代社会学との共通性

ロールズの理論では、現実に存在している社会制度、規範、あるいは文化はいったん括弧にくくられる。何が正義かは、それらを前提にしないで導き出される。つまり、すでにどういう地位や役割のセットがあってそれらに人々が従っているかという現実の状況はいったん無視される。そうした仮想的な白紙状態のもとで、偏りのない見地から、誰にとっても妥当するはずの規範的な原理を正義の原理として打ち立てようとするのである。

現存する諸制度を括弧にくくるという考え方は、一九七〇年代以降における社会学の経験主義や構築主義あるいは脱構築と相通じるところがある。社会学的経験主義は、社会現象についての客観的な認識をめざして、社会現象に付随している一次理論をそぎ落として認識することをめざした。逸脱や役割の概念には、文化的歴史的に限定された当該社会の意味世界が付着している。国家や社会や民族の概念もそうだ。経験主義に徹することで、そうした文化的歴史的限定から脱却した社会認識が得られるはずだと考えたのである。脱構築もまた、古代ギリシャにまでさかのぼる哲学的思考の伝統に巣くっている文化的歴史的限定性から脱却しようとした運動である。

リベラリズムは、一九七〇年代以降のこうした「真の客観性」をめざす広範な思想潮流と軌を一にしているのである。リベラリズムは社会学にも影響を及ぼした、その代表例がフェミニズムに影響を受けたジェンダー研究であり家族研究である。「家族」という社会現象は、従来の社会学では、社会を構成するもっとも基底的な集団であって、それこそが人々を孤立したものから共同的なものへと導き、個人を社会へと統合するもっとも重要な役割を果たすべきものであった。しかし、新しい観点からみたら、家族こそがむしろジェンダー差別や家父長制度や権威主義の源泉である。フェミニズムの一部からは、家族こそは「不正義」の根源なので解体されるべきだという主張まで現れている。そこまで極端ではなくても、社会学におけるジェンダー研究および家族研究は、家族という集団をかつてのように神聖視しないかたちで扱うようになった。家族はあくまで諸個人によって構成されるものであって、その存立意義はそれを構成する諸個人の観点に帰着する。そうした観点から家族を研究するようになったのである。たとえば「近代家族」という概念は、われわれが当たり前と思って受け入れている家族という現象が、じつは近代になって作られたものだという点を強調する意味をもつものである。

さまざまなマイノリティ研究や社会運動研究にもリベラリズムの影響が見られる。もともとマイノリティ運動は、それまでマイノリティの人々が置かれていた差別や偏見、あるいは不利な境遇や環境を告発し、それらを解消して平等で尊厳のある地位をもとめる運動である。現代リベラリズムの思想は、アメリカにおけるマイノリティ運動との関連のもとで発展してきた面がある。そのもっとも典型というべきなのが、「ポリティカル・コレクトネス＝ＰＣ」運動であった。一九八七年にスタンフォード大学の歴史の授業をめぐる異議申し立てから始まったこの運動は、アメリカの諸制度や文化の中に潜むマイノリティ差別の構図を問題にし、差別的な行為、表現、制度を告発して断罪するという運動であった。ここには、出身や背景文化にとらわれない「個人の尊厳」が理念としてあった。

マイノリティ運動を社会学的に研究する人のほとんどは、その運動への共感から出発している。それは、ジェンダー、セクシュアリティ、エスニシティ、ハンディキャップをもつ人、逸脱とみなされた人、すべてそうだ。いわば、リベラリズムの理念がそうした社会学研究を支え展開させていったのである。

コミュニタリアンからの批判　さて、リベラリズムに立ち帰ると、非常に大きな盛り上がりを見せたリベラリズムではあるが、それへの批判もけっして小さくはない。批判する側は一般にコミュニタリアニズム（共同体主義）と呼ばれている。その代表的な論客は、C・テイラー、M・ウォルツァー、A・マッキンタイアー、M・サンデルなどの政治哲学者たちであるが、他方で、R・ベラー、A・エチオーニ、P・セルズニクのような有力な社会学者も加わっている。

コミュニタリアンからのリベラリズムへの批判は、論者によってさまざまだが、重要な論点は次の三つだといっていいだろう。

① 原子論の問題。リベラリズムが想定している個人は原子論的で、道徳的に問題があるという批判。
② 存続不可能性。原子論的な個人からなる社会は存続不可能だという批判。
③ 個別文化の価値。個人のアイデンティティにとって重要な個別文化の価値が無視されているという批判。

原子論の問題とはこういうことだ。コミュニタリアンからみるとリベラリズムが想定している個人には「社会がない」。すでにみたようなリベラリズムの三つのテーゼには、社会の秩序が形成されるためには、個人はどういう人格でなければならないかに関する条件が一つも含まれていない。「他人に関わることについては必ずしも自由ではない」というミルの危害原理にしても、けっして他人に危害を及ぼしてはいけないという、個人への道徳的な要請ではない。社会が個人に対して何を自由として許容すべきかの、社会に対する要請を意味しているのである。リベラリズムは、社会や他人のことにまったく無関心で、自己利益だけを追求する個人からなるような社会を想定していることになる。それに対してコミュニタリアンは、それは経験的事実としても間違っているし、規範的にみても、そうした社会が望ましい社会だとは言えない、と批判するのである。

次の存続可能性の問題は、社会の望ましさ以前に、そもそも原子論的な諸個人からなる社会は存続できないという批判である。原子論的な個人は道徳性をもたない、もたなくてもいい、と仮定されているのだが、そうした個人からなる社会は、自分たちの社会を積極的に支えていこうとする人が誰もいないのだから、結局は存続していくことはできない。たしかに、リベラリズムは、「社会は個人をどう遇するべきか」については述べるのだが、逆に「個人は社会にどう貢献すべきか」については何も語らない。ここでは「社会」というものがあたかも誰の助けも借りずに自立して動いていく存在であるかのように想定されている。しかし実際には、社会は諸個人によって支えられているのであり、諸個人には社会を支えるべき道徳的な動機づけが与えられていなければならない、とコミュニタリアンは考える。

第三の個別文化の価値は、次のような問題である。リベラリズムでは、価値のすべては個人に帰着する。個人を超えた何ものかが独自の価値をもつということはない。したがって、何らかの集団や文化が個人の自由や選択よりも優位に立つことはない。集団や文化、あるいは社会全体も、諸個人のためにあるのであって、その逆ではない。これに対して、テイラーは、カナダのケベック州の文化政策を擁護するかたちで、それぞれの文化は存続するべき価値をもっており、存続のためには個人の自由への一定に干渉も許容されるべきだと論じるのである。

社会に埋め込まれた自己と自己に埋め込まれた社会

コミュニタリアンによるリベラリズムの原子論的自己に対する批判は、現実の自己とはそのように白紙の状態で社会から切り離されて存在するのではなく、あくまで「社会的な自己」として存在するのだという主張を一つの柱としている。サンデルはこれを「状況づけられた自己（situated-self）」と呼んでいる（Sandel 1982）。

経験的事実としては、これはまったく争う余地がない。われわれは社会の中で生まれ、育てられ、その文化を身につけ、自己を確立していくのである。社会の中で育てられるということがなかったら（ほんとうにそうであったかどうかについては、今日では疑問をもたれているが）、アベロンの野生児やインドのカルマのように、ことばも話せず人間らしい生活を身につけることはできないだろう。

しかしここにはすれ違いがある。リベラリズムは、現実の諸個人が社会的な自己であることを否定しているわけではない。リベラリズムの関心は、社会を秩序づける「規範的原理」にある。規範的原理は、現実を追認するものではない。規範とは、現実を相対化し、対抗し、いまあるものとは異なる「可能な現実」を提示するものである。リベラリズムの問題関心がここにあるときに、現実の自己は社会に埋め込まれているという指摘は、批判としては有効ではない。

とくにリベラリズムは、白紙状態における自己という想定を、社会の規範的原理を導き出すための仮想の設定として用いているのである。現実に対抗しうる規範的原理を確立するためには、現実から出発するのではなく、ある理念的な状態から出発しなければならない。リベラリズムはそう考えた。ロールズの原初状態というアイディアがまさにそうである。

コミュニタリアニズムがほんとうにリベラリズムを批判しようと思ったら、たんに、現実がリベラリズムの想定と異なっていると指摘するのではなく、その想定によって導き出される規範的な主張が、規範理論として正しくない、妥当ではない、ということを論じなければならない。

この点、コミュニタリアニズムがしばしば現状追認的になっているのは、これも疑いえない事実である。自己が社会に埋め込まれているということから出発すれば、自己にとって社会はまさにかけがえのないものになる。自己は社会の内部に包みこまれ、社会を超え出ることはできない。この構図のもとでは、社会は所与である。社会の現状を超え、それに対抗しうるような規範的原理を打ち出すことはできない。

これはまさに、かつて社会学が陥った道である。地位と役割のセットを通じて社会に統合されている諸個人。社会のしくみや構造を基本的に当たり前のものとして受け入れて、それらによって規定されている生き方を歩んでいる諸個人。社会に埋め込まれた自己という考え方だけからだと、そうした個人像しか描けないのである。

リベラリズムとは、もともとからして、そうした個人像からなる社会観を批判するかたちで展開されてきた思想である。一九六〇年代の公民権運動、ベトナム反戦、学生叛乱、そしてフェミニズムなどは現状の秩序のありかたに対する正面からの異議申し立てであった。そうした運動に加わったり、一定の共感をいだいたり、感銘を受けたりした人たちにとって、リベラリズムの思想は大きな理論的基盤を与えてくれるものであった。現存する秩序を相対化し、それに取って代わる別の新しい秩序構想を提示しているものと受けとめられたのである。こうした人たちの観点からすれば、「社会に埋め込まれた自己」というのは、いってみれば、両親や学校によって教え込まれた世界観や生き方を素直に受け入れている自己にすぎない。彼らはまさにそこから脱却しようとして運動し叛乱を起こしているのである。社会に埋め込まれた自己というのは経験的には正しい認識かもしれないが、リベラリズムがめざしたのは規範的に正しい理論である。

3 規範的社会理論はいかにして可能か

日常生活者の視点

たんにその自己像が経験的に正しくないと指摘するだけでは、リベラリズムを批判することにはならない。リベラリズムを批判しようと思ったら、あるいは少なくともその妥当性を検討して議論しようと思ったら、たんなる経験的事実のレベルにとどまるのではなく、規範的な理論のレベルでそうしなければならない。

しかし、規範的な理論の正しさとはいったい何だろうか。どうしたら、ある理論が規範的に正しいということを証明することができるのだろうか。

じつはこれは、今日の社会科学が未だ解決することのできない大きな難問なのである。これを明示的に理論的に説いたものも存在しない。倫理学の伝統をひもとくと、たしかに、スピノザ、カント、シジウィック、ムーアなどの試みはある。しかしいずれも、方法論的な問題があることに無自覚なままに進められている。

こうした中で、コミュニタリアンとリベラリズムは、暗黙のうちに、あるいはときには自覚的に、規範理論の方法についての二つの対照的な考え方を示している。

コミュニタリアンの方法は、伝統的な社会学が無意識的にとっていた方法に近い。つまり、現存する秩序への人々の規範的受容感覚に基盤を置こうとするものだ。この方法のもっともわかりやすい例は、ことばの文法である。われわれは、「雨が降っている」は正しい日本語であるが、「それは雨降りしている」は間違いだとみなしている。他方、英語では、「It is raining」が正しくて、「Rain is raining」は正しくない。文法あるいはことばづかいは規範である。

ことばづかいに関する規範の妥当性は、それを用いている人々が「どういうことばづかいが正しくてどれが正しくないか」と感じているかに依存している。それ以外に根拠はない。誰かが英語社会の人に向かって、「"It is raining"というのはおかしい。いったい"It"とは何か。降っているのは雨であって、It が降っているのではないだろう」と主張しても無駄だ。

コミュニタリアン的方法も、無意識のうちにこのやり方にならっている。人々が規範的に正しいと受容しているものが規範的に正しい。レイベリング論が現れる前の社会学において、異常や逸脱についての理論がまさにそうであった。社会には、犯罪、不法行為、不道徳な行い、慣習に反した行い、普通ではない振舞い、など、さまざまな行為や現象が「異常」や「逸脱」とみなされている。正常／異常の二分法は規範的な判断である。それは、第一義的に、人々の判断だ。何が正常で何が異常かという判断は、どういうことばづかいが正しくてどういうのが間違っているのかの判断と同じように、人々がどう考えているかに依存している。

伝統的な社会学は、デュルケムが典型的にそうであったように、正常／異常の区分があたかも何か客観的な基盤の上に成り立っているかのように考えた。したがって、必ずしも「人々の判断」が規範の客観的な妥当性の根拠になると考えたのではない。しかし、事実上は「人々の判断」を客観的な妥当性の根拠として受け入れたことになる。

パーソンズの社会システム論もそうだ。共通価値を背景にした地位と役割のセットを通じての社会統合という考え方、あるいは機能要件という概念は、現状において人々が受け入れている価値や規範を前提にしている。それらを前提にすることによって、パーソンズ理論は、それらを規範的に妥当なものとみなすという含意をもってしまった。そこには、人々が受け入れている価値や規範とは異なる別の価値や規範によって構成される秩序の方が、規範的により良いものであるかもしれないという可能性については、考えが及んでいないのである。

基礎づけ主義

こうしたコミュニタリアン的方法に対して、リベラリズムがとったのは、一般に「基礎づけ主義」と呼ばれる方法であった。これはユークリッド幾何学やニュートン力学の方法をモデルにしている。公理論的（axiomatic）といってもいい。まず自明で真理だと思われるいくつかの「公理」を立て、そこから論理的あるいは数学的に定理や命題が導き出されていく。規範的な社会理論にこの方法を用いようとしたのは、リベラリズムがはじめてではない。古くは、ホッブズ、ロック、ルソーらの古典的な契約論がその方法にならうかたちで組み立てられている。スピノザやカントの道徳理論もそうである。

リベラリズムの先駆者ともいえるベンサムやミルの理論にも、この構図は明白に現れている。ベンサムは、「実在するのは諸個人であって、社会はフィクションだ」という命題から出発する。この「公理」から、たとえば「どのような社会状態が望ましいかは、その社会状態のもとで諸個人の幸福の量がどの程度であるかによって決まる」という命題が導かれる。もっとはっきりしているのはミルで、すでに紹介した危害原理、すなわち「各人は、他人に関係しない事柄については主権者であって自由に選択できる」という命題はまさに「公理」としての位置に置かれている。つまり、個人の自由の範囲について自明に正しい基礎的な基底をなすとみなされているのである。

現代のリベラリズムの中では、「中立性原理」がまさにそうした役割をはたしている。これは、規範的原理が普遍的に妥当なものであることを保証し根拠づける条件として設定されている。個人の生き方や文化に対して「中立的」であること、それは偏りのないことであり、それゆえに普遍的に妥当であることの一つの基盤を構成する。中立性原理はそうした考えのもとで、規範的原理にとって疑いえない基礎をなすメタ原理だと想定されているのである。

こうしたリベラリズムの理論戦略は、明らかに魅力的に映る。疑いえない真理だと想定された公理は、コミュニタリアン的方法と違って、人々の現状の規範意識や価値観を相対化しうる一種の超越的な視点を定置する。

しかし、ここには重大な欠陥が潜んでいる。問題は次の二つだ。①「公理と論理の懐疑可能性」。疑いえない真理だと想定されたものでも、結局のところ、いつでも疑うことができる。②「帰結の問題」。公理的な命題から導き出された具体的な規範的原理や規範的命令が、実際に望ましい社会的帰結をもたらすかどうかは疑わしく、むしろ望ましくない帰結をもたらす可能性が高い。

①はたとえば次のようなことである。中立性原理は、制度や政策が普遍的な妥当性をもつために必要な条件であるように見える。しかし、個人のいかなる生き方についても中立的だとはどういうことだろうか。まず、たとえば「犯罪者として生きる」とか「差別主義者として生きる」というような、明らかに「悪」といっていい生き方もある。それらに対してまで中立性を要求するのは、けっして普遍的に妥当するとはいえないだろう。第二に、仮にすべてリーズナブルな生き方だけに限定して考えたとしても、それらに対して中立的であるとはどういうことか、それははたして解のあることなのか、という問題がある。数学の世界に、公理系が無矛盾かどうかという問題があるが、一般に任意に設定された公理系は無矛盾だとは限らない。そんなに難しい話をしなくても、たとえば「自然数の中で最大の数を一つ選べ」というような条件は不可能な条件である。なぜなら、「最大の数」というものは存在しないからだ。もしかしたら「すべての生き方に対して中立的」ということは不可能なことかもしれない。

②の帰結の問題というのは、たとえば仮に中立性原理にのっとった制度や政策を実施したとして、はたしてそれがほんとうに望ましい社会状態をもたらすことになるのかという問題である。自明で疑いえない原理を実現するのだから、当然望ましい結果が生じるはずだと思ってしまう人もいるかもしれないが、本当をいえば、「自明に正しい」というのは主観的な観念上の判断であって、じつは「根拠」がないことなのだ。たとえば、リバタリアンといって、リベラリズムとはかなり異なるがやはり個人主義的な社会理論の一派が存在するが、その人たちは、「個人に固有に所属する財産は彼自身のものであって、本人の自発的な同意なしに取りあげることはできない」という命題を自明に正しいと思っている。一見すると、そう思えるかもしれない。しかし、この命題に従うと、政府が所得税や法人税を徴収すること

は、本人の同意がなければできないことになる。リバタリアンは、財産のようなものが「誰かに固有に所属していて、それを取りあげることは規範的に正当化できない」と信じているにすぎない。

それに対して、じつはロールズは「富と所得の分配が能力と才能の自然の分配によって決定される」としても、「この結果は、道徳的観点から見て恣意的である。所得や富の分配は、歴史的、社会的幸運による理由がないのと同様に、生まれつきの資産（才能）の分配によって決定されるのを許す理由もない」と述べている（Rawls 1971 = 1979 : 56-57）。つまり、固有の財産というものは存在しないというのである。

どちらが正しいのだろうか。要するにロールズはリバタリアンが「自明に正しい」とみなしていることについて、「いやそれは決して自明に正しいわけではない」と言っているのである。

じつはロールズ自身のリベラリズム理論は、ドゥオーキンたちのものと違って、基礎づけ主義的性格は非常に弱い。ロールズ自身、基礎づけ主義的な方法が規範理論を構築することができるとは思ってもいない。彼の方法はむしろ「内省的（反照的）均衡」と呼ばれる。これについてはここでは詳述しないが、盛山（2006）を参照していただきたい。

このようにして、「自明に正しい」と思われているものは本当は根拠がないのだから、結局のところ、本当に正しいかどうか分からない。したがって、いったん実施してみるととんでもない結果を生じさせるということが十分に起こりうる。そのいい例が「社会主義」であることは、誰もが知っている。

意味世界の中の他者と個人

規範理論の方法を考えるにあたって、リベラリズムの三つの基本テーゼのうち、ベンサムの「実在するのは個人だけだ」というテーゼは一つの出発点になりうるだろう。個人を超えた社会や神や価値があらかじめ「実在」すると考えることはできない。万が一実在するとしても、実在しないという前提から出発して考えていくのが社会学の方法である。なぜなら、そうしたものの実在性はどうやっても証明したり根拠づけたりすることはできないものだからである。

個人は実在する。身体をもち、行為し、思考し、楽しんだり苦しんだり悩んだりしている個人だ。（この実在を疑う哲学的議論もありうるが、それは無視していい。）

しかし、この個人にとって重要なことは、たんに「個人が実在する」という事実ではない。彼は「意味世界」を生きている。意味世界の中には、他人もいれば社会もある。もしかしたら、他人も社会も存在しないような意味世界を生きている人もいるかもしれないが、現実にそういう人は見かけない。たとえ「他人とはロボットにすぎない」と思って殺傷することを何とも思わない人でも、とりあえずは「他人」が存在している。

哲学畑では、「他人（他者）の存在はいかにして根拠づけられるか」という問いを考えたりすることがあるが、社会学にとっては無意味な問いだ、社会学は、実在する諸個人の意味世界の中には他人も社会も存在するということを出発点とする。個人の意味世界に、他人や社会がどのようにして入り込んだのかは、とりあえずは問題ではない。

実在するのは個人であるが、個人の意味世界には他人だけでなく「社会」も実在する。これが重要なポイントになる。「社会」といっても当然さまざまだ。今日の社会学的研究によれば、「社会」というのは近代の発明だということになっている。ある意味では、それは正しい。フランス語の société や英語の society が今日のような意味で用いられるようになったのは、ずっと最近のことだ。たとえばホッブズは society ではなく、commonwealth ということばを使って議論している。日本の「社会」という語も明治になってからのものである。

しかし、「社会」という言葉がなかったからと言って、広い意味での「社会」がなかったわけではない。日本語で言えば、世間、世の中、くに、まち、むら、いえなどの言葉で言い表されている意味での「社会」は存在してきた。つまり、人々からなる一定のまとまりをもった集合体が存在することは、知られていたのである。

当然のことながら個人の意味世界は個人によって異なる。けっして同一ではない。それは、意味世界の中にいる個人についてもそうだし、社会についてもそうだ。しかし、意味世界の中で、個人や社会はそれぞれの意味を付与されている。個人とはたとえば、母、子、きょうだい、職場の同僚、幼いときからの友人、等々である。社会に関しては、たとえば「世の中の役に立ちたい」「嘆かわしい世の中になった」「それはむらのためにならない」「いえの誉れだ」等々である。

個人の意味世界の中では、地位と役割のセットもあるし社会もある。これは疑いえない。ただしその内容は個人のあいだで同一だとは限らない。たとえばA子さんとB男くんとが結婚しているとして、A子さんの意味世界の中での二人の役割関係はB男くんのそれと同一であるとは限らない。社会についてもそうだ。A子さんが「消費税を上げて社会保障を充実した方がいい」と考えていても、B男くんは「いやそれは困る」と考えているかもしれない。

以上のように、実在するのは個人だが、その個人の意味世界には、他者も社会も存在している。そのことを踏まえた規範的社会理論の進め方について考えてみよう。

規範的探究の第三の方法　個人とその意味世界という構図で考えると、コミュニタリアン的方法とリベラリズムの戦略とは次のように対比できる。

コミュニタリアン的方法は、次の三つの前提からなる。

Ｃ１：個人の自己、すなわちその存在の意味、価値、アイデンティティは意味世界において与えられる。

Ｃ２：人々の意味世界は同一である。

Ｃ３：よって、その意味世界において規定されている内容が、規範的に妥当すべきだ。

他方、リベラリズムは次のように考えている。

Ｌ１：個人は自らの善の観念、すなわち自己の存在の意味、価値、アイデンティティなどを主体的に形成している。

Ｌ２：しかし、人々の善の観念はバラバラである。

Ｌ３：よって、われわれは、人々の善の観念に依存することなく、それを超えた視点において規範的原理を構築すべきだ。

リベラリズムの「善の観念」というのは、個人の意味世界のことをやや個人中心主義的に言い換えたものだと言っていい。経験的事実からいえば、「善の観念すなわち意味世界はバラバラだ」というリベラリズムの想定の方が正しい。しかしそこからL3にいってしまうのは飛躍しすぎなのだ。L3は何らかの「超越的視点」に立ちうることを前提している。それが「基礎づけ主義」つまり「自明で疑いえない公理的命題」を設定することだ。しかし、そうした超越的視点は存在しない。少なくとも見つからない。かりに見つかったとしても、それがそうだということを証明したり確かめたりすることができない。

コミュニタリアニズムもリベラリズムもうまくいかないことを踏まえたとき、われわれは次のように考えるしかないように思われる。

S1：個人の自己、すなわちその存在の意味、価値、アイデンティティは意味世界において与えられるが、同時に、その意味世界を主体的に作り出す。

S2：しかし、人々の意味世界はバラバラである。

S3：にもかかわらず、何らかの共通に受け入れることができるような意味世界の部分を新しく見つけ出すべきだ。

現実には、人々の意味世界はバラバラである。しかし、バラバラのままでは必ずしも望ましい社会秩序はえられない。そのことを、人々自身がその意味世界の中で認識している。バラバラな状態を克服しようというのは、人々自身の希望である。

とはいえ、望ましい社会秩序にとって、意味世界のすべての部分において同一であることは、必要不可欠とはいえない。たとえば、A子さんが「自分は働きたい」と思っていて、B男くんが「家にいてほしい」と思っているとき、新しく共通の了解として、「A子さんは働く。そのことをB男くんも受け入れる。しかし、心の底ではやはり家にいてほしいと思っているが、A子さんにはそう見えないように努力する」というやり方があるだろう。この場合、A子さんとB男くんの意味世界はすべてが同一というわけではない。A子さんは、「B男くんも、私が働くことを快く思っている」と思っているかもしれない。それはB男くんの意味世界の事実と一致してはいない。ひらたくいえば、B男くんはA子さんをだましていることになる。しかし、たぶんそれでいいのだ。

もしかしたら、そのうちに何かのきっかけでB男くんの思いがA子さんに分かって、かえって深刻な争いが生じることになるかもしれない。しかし逆に、B男くんの思いの方が変化して、A子さんが働いていることをすなおにいいことだと思うようになるかもしれない。どっちに転ぶかは分からない。

意味世界の完全な同一性を求めることは、現実には不可能だし、もしも無理をしてでもそうしようとすれば、そのことによって望ましくない社会状態が生まれてしまう。説得やキャンペーンは許されるが、異なる意味世界の持ち主を罰したり追放したりすることは許されない。このこと自体は、現存するわれわれの意味世界の中の共通部分だといっていいのである。

規範理論が探究することは、すでにある意味世界の分布状態を前提にしたうえで、①そのすでにあるものの中で共通の規範的原理となりうるものを発見し、②すでにあるものの中の共通部分で足りないときは、共通に受け入れることができ、それが望ましいと考えられるような規範的原理を新しく考案し、③それを人々に理解されうるようなかたちで説得的に提示すること、であろう。

規範理論がめざすことは、たんに、すでにあるものの中の共通部分を見つけ出すことではない。多くの場合はむしろ、すでにあるものの中には存在しない、新しい意味世界を作り出すことであり、人々の意味世界がそれに応じて必要な変容を遂げることである。規範理論において、人々の意味世界はコミュニタリアンのようにそのまま受け入れられるわけではないし、逆に、リベラリズムのように無視されるわけでもない。すでにあるものを基盤にしながらも、その変容を求めるものである。

伝統的な社会学はどちらかといえばコミュニタリアンであった。社会学が経済学と異なる大きな点は、人々の意味世界を解読することに意を注いできたことである。それはいわば現にある社会的世界における共同性の構造を明らかにすることであった。とくに、実証的な社会学の伝統において「事例研究」と呼ばれてきたものがその系譜を形作っている。代表的な例としては、レスリスバーガーたちのホーソン実験、ホワイトのストリート・コーナー・ソサエティ、リンド夫妻のミドル・タウンなどがある。人類学におけるマリノフスキーのトロブリアンド諸島、ファースのティコピア、あるいはエヴァンス＝プリチャードのヌアー族などもそうである。

こうした事例研究は、対象としての社会的世界に存在している共同性を探究してきた。そこでは、対象世界の人々が受け入れて自明視している規範的な意味世界が、ちょうど言語の文法が解明されるように、解明される。少なくともそれが試みられる。その意味世界では、人々は一定のまとまりと秩序のある「社会」の中にいて、それぞれの地位と役割のセットに従って生活している。それを研究している社会学者は、その意味世界の規範的および事実的な妥当性についてはとくに言及したり論じたりすることなく、外的視点に立って、経験主義的に記述することに専念してきた。

それはそれで意味のある探究だ。そのことはどんなに強調してもいい。そうした対象世界への経験主義的な探究は、なくてはならないものだ。それは、社会学的探究のミニマムな出発点を構成している。

しかし、そうした社会学的探究が外的視点を取りえたのには、今日では維持できない一つの前提があった。それは、対象としての社会とそれを探究している社会学とが、原理的に別の意味世界に属しているという前提である。当時の社会学者の多くは、自らとは異なる社会的世界を発見したからこそ、その構造の解明に取り組んだのである。

いまや社会的世界はそのようにはなっていない。第一に、もはや未開部族とか労働者社会とか移民社会などを、われわれの社会とは別の世界に属するものと考えることはできない。第二に、すべての社会的世界はけっして完全には統合されていないし、つねに変動にさらされている。そして第三に、すべての社会的世界はよりよく秩序づけられることをめざしている。

すなわち、社会的世界を探究する社会学者自身、対象世界の中の「当事者」であることを免れることはできない。（たとえば、エバンス＝プリチャードの研究したヌアー族は、今日、スーダンの内戦に巻き込まれて悲惨な境遇にある。そこに実際に研究者が介入することは不可能だとしても、その境遇に関心をもつことはむしろ研究倫理にかなっている。こうしたことは、一九七〇年代以降に進展したグローバリゼーションの一つの重要な帰結だといえるだろう。）

当事者だということは、対象社会の意味世界の規範的および事実的妥当性に対して、関心をもつということである。そこから、今日の社会学の再定義が可能となるだろう。

第10章　共同性の学としての社会学

振り返ってみれば、社会学はもともと革命や産業化で混乱する一九世紀初頭において、「いかにして望ましい秩序を作り上げるか」という問題意識から始まったものである。この問題意識は、外的視点を標榜する立場からは忘れられているけれども、実際の社会学の営みとしては依然として継承されている。

グローバリゼーションや環境、高齢化などの問題にさらされている現代社会に対して、社会学者たちはすでに「いかにして問題を克服するか」という関心にたって探究を進めているのである。それは外的視点をとることでなく、社会にコミットすることである。社会学は、内的視点から「共同性」を規範的に探究する学として自己定義することができる。

1　社会学とは何かという問いの意味

さまざまな社会学

さまざまな社会学と社会学の概念が存在する。社会学者の多くは、階層、家族、ジェンダー、労働、組織、社会運動、環境問題、貧困問題、社会福祉、障害者、マイノリティ、差別、高齢化、人口減少、過疎地域、若者文化、インターネット、教育、宗教など、じつに多様なテーマに分かれて、それぞれの現象の現場にでかけ、資料を集め、調査票を配り、インタビューやヒアリングを行って、社会学の研究をまとめている。日常的な社会学の実践の大部分はそうしたものである。

他方には、グローバリゼーション、リスク社会、マクドナルド化、個人化、再帰的自己、近代性、ポスト・モダニズム、ナショナリズム、社会的ジレンマ、公共性、など、社会に生じている（と思われる）、あるいは生じる可能性のある、構造的特性を探究している社会学もある。

さらには、ルーマンやかつてのパーソンズのように、きわめて包括的に社会の理論的記述をめざす社会学もある。

こうしたじつにさまざまなものが「社会学」の名において遂行されている。ほんとうにこれらのすべてが社会学なのだろうか。どういう根拠によって、これらを社会学とみなすことができるのだろうか。もしかしたら、それぞれが勝手な解釈で、たまたま同じ名称を名乗っているだけではないのか。そうした疑問が湧いてきてもおかしくはない。

かつて、ジンメルやヴェーバーやデュルケムの時代にも「社会学とは何か」という問いが追求されていた。それは、一九世紀の終わりから二〇世紀の初めにかけて、社会学が学問として新しく制度化されようとする時代であった。かれらは、新しい学問としての社会学を自ら創出するにあたり、その探究課題、方法、対象、などの特性を明確にし、学問の方向性やアイデンティティを確立しようとしたのである。かれら自身、研究者としての出発は社会学以外のところから始まっている。かれらは、自らの探究のプロセスにおいて、社会学を「発見」し、「創造」していったのである。

今日、制度的には社会学はすでに成立している。多くの大学に社会学の課程や学科があり、専任の教員がいて、社会学の名称をつけた授業が行われている。日本学術会議や日本学術振興会のような準政府機関においても、理系文系の多くの学問にまじって社会学が一定の位置を与えられている。名称に社会学ということばを含む数多くの学会組織も存在し、社会学を名乗る専門誌もたくさんある。日本だけでなく、多くの国々でそうだ。

にもかかわらず、「社会学とは何か」が問題となる。それはなぜか？ある意味で理由は単純だ。さきにみたように、あまりにもさまざまな社会学がありすぎるのである。たとえば、介護問題に関して高齢者にインタビューすることとルーマンの抽象的で解読困難な分厚い本を読むことと、いったいどこでつながっているのだろうか。

実際のところ、社会学者のレベルでも「社会学とは何か」ははっきりしないものになっている。社会学というアイデンティティにこだわらない研究者もしだいに増えつつある。

世の中には、ひとたびは隆盛を誇った帝国が分解し、それぞれに分かれていった例はすくなくない。最近でも、ソ連やユーゴスラビアがそうだ。もしかしたら、社会学もそうした運命をたどることになるかもしれない。それは、案外と、現実的な問題なのである。

社会学の時代背景

時代の変化の影響も大きい。一九世紀半ばから二〇世紀はじめにかけての社会学の成立は、政治的な市民革命と経済における産業化・工業化の進展を背景にしていた。欧米社会における巨大な社会変動の中にあって、その変動の意味を探究し、その行く末を考え、あるべき将来社会を展望したいという問題関心が、社会学の成立を支えていたのである。「近代とは何か」が社会学の中心テーマだといわれるのもあながち間違いではない。

しかし、時代は、一九六〇年代に大きく転換した。ポストモダンということばが現れるのはやや後になってからだが、その時期に、いわば前期近代が終わって後期近代に入っていったのである。

先進諸国の内部では、持続する経済成長のもとでの豊かな消費社会の到来、教育水準の著しい拡大、民主主義的政治制度の確立、社会保障制度の充実など、今日では当たり前となった政治経済のしくみが安定的に確立していった。グローバルには、アジア・アフリカ諸国の独立を契機に、それまでの植民地主義と人種差別観とが公式には否定され、同時に、国際的な経済協力体制が確立されたり、国連を中心とする国際的な協議・連携機関の役割が増大したりしていった。

八〇年代にはいると、日本以外の東アジア諸国・地域の経済的台頭が顕著となり、それはしだいに他の地域の諸国にも広がって、グローバルな国際経済が成立する。「近代」はもはや西欧と日本だけに限られた現象ではなくなったのである。

これらと平行して、新しい社会問題が登場する。「環境問題」は、その代表だ。それまで、近代化と経済発展とをめざしてきた社会が、その負の側面としての環境問題にめざめたのである。さらにフェミニズムがある。これは、それまで産業化のプロセスの中で、ひとりの男性稼ぎ手とひとりの専業主婦とを核とする「核家族モデル」規範が自明視されてきたことへの異議申し立てであった。そして、一社会内のあるいは国際的なエスニシティ問題は、それまで人種主義と国民国家理念とで隠されていたエスニック・アイデンティティの問題を表に出すことになった。

これらは、一九六〇年代までの「近代とは何か」「いかにして近代化するか」という問題意識を色あせたものにしていった。日本でいえば、一九七〇年代の終わりにひとしきり話題になった「中意識論争」が、時代の転換を象徴しているといえるだろう。[1] その論争は、五〇年代から七〇年代半ばまでの継続的な「階層意識調査」において、階層所属を「中」と答える割合が著しく増大しているというデータの解釈をめぐって闘わされたものだ。当事者たち（主に社会学者と経済学者）がかならずしも明確に意識していたわけではないが、その論争は、「高度経済成長期を経過して、はたして日本社会は近代化したといえるか」という問題意識を基盤にしていた。一部の論者は、「まだ近代化していない。『中』が増えたのは人々の幻想のせいだ」と主張した。他の論者は、「『中』意識の拡大は、日本社会が近代化したことを反映している」と考えたり、「階級社会から大衆中間層の社会へと変わってきたのだ」と主張したりした。いずれにおいても、「近代化」が隠れた主題であった。

それを境にして、むしろ「近代化」は日本社会のテーマではなくなっていく。八〇年代は、中程度の成長率ながら日本経済の世界に占める割合は増大し、日米貿易摩擦が深刻化し、それとともに世界の経済学者や経営学者たちがこぞって「日本的経営」や「日本株式会社」の秘密を探ろうとしたのである。日本の中では、「一億総中流化」などといわれたりして、それまでの「貧困」や「農村問題」「労働者問題」が関心から消えていった。

このように、一九七〇年代以降の世界は、かつて社会学を成立させた問題関心を支えた時代状況が変化してしまったのである。ある意味で、社会学が解こうとした問題が消えてしまったのだ。

後期近代型
社会問題と社会学

しかし、ほんとうに消えてしまったのだろうか。社会学者は依然として多くのさまざまな「問題」に取り組んでいるのではないか。それには、たとえば、格差・

階層、貧困、介護・医療、子育て、家族・ジェンダー、教育などがあり、ほかにも、グローバリゼーション、環境、リスク、エスニシティ、外国人労働者、移民、さらにはインターネット、アニメ文化、若者文化、自己、など、じつに多様なテーマが「社会学」として探究されている。

社会学のアイデンティティは拡散し見えにくくなってはいるが、社会学の実践はますます拡大し盛んになっている。このギャップは何だろうか。

社会学が解くべき問題は、いまなお無数に存在している。多くの社会学者がそうした問題に取り組んで格闘している。しかも、そのほとんどは「当事者」の一員としてそうしているのであって、けっして「外的視点」に徹しているわけではない。しかし、一九六〇年代までに確立された伝統的な社会学理論の枠組みでは、その格闘の助けにはならない。七〇年代以降は、共通に依拠することができる新しい理論枠組みや概念図式が構築されていない。(唯一の例外が、「社会調査」という方法で、それゆえに、あたかも社会調査こそが社会学としてのアイデンティティを保証するかのようにみなされてきている。むろん、こう言ったからといって、社会調査の意義を重視していないわけでは毛頭ないが。)「外的視点」というのは、そうした共通枠組みの欠如の中で、最低限の共通性を確保しようとして苦し紛れに考え出された戦略だと言ってい い。

共通の枠組みのないままに、それでも社会学者たちはそれぞれで見い出したそれなりの道具立てを用いて現場に向かい、現実と格闘している。フェミニストたちは、フーコーや脱構築の理論に助けを求め、差別研究者はしばしばエスノメソドロジーの方法を用い、社会運動の研究ではしばしば社会問題の構築主義を援用し、格差の研究者たちはひたすら統計的調査データの分析手法にみがきをかけている。

社会学の研究実践はけっして衰えてはいない。しかし、社会学を社会学たらしめるアイデンティティの基盤が見失われている。

ここで、次のように考えるべきだろう。すなわち、今日の社会学がさまざまな実践的な研究課題を探究していることを基盤にして、新しい時代の社会学の課題を再定義することが必要であるし可能なのだ、というふうにである。それはかつて社会学の成立期に存在していた問題と一定の共通性をもちながらも、新しい側面をもっている。共通性において、今日の社会学はかつての社会学を継承している。それと同時に、新しい転換も伴うのである。

現代社会が直面している問題の多くは、社会のしくみの奥深い構造変動と密接に関連していると考えることができる。第一は、近代社会を特徴づけてきたさまざまな枠組みや秩序原理への信頼が衰退し、見直しを求められつつあることである。家族しかり、国民国家しかり、そして産業文明そのものがそうである。こうした問題への対応は、一九六〇年代までの社会学にはそもそも視野になかったことである。

第二に、その上に、それまでほとんど誰も予測していなかったような新しい問題群が一九七〇年代以降出現した。たとえば少子化である。それ以前は基本的に「人口増加」が問題であったものが、突如として「人口減少」が問題になった。それと関連するかのように、経済の低迷や社会保障制度問題の深刻さが増している。ここには、問題設定の変更が求められている。人口増加時代や順調な経済成長の時代に設計された社会保障制度は、もはや持続可能性を失っている。これまで、社会学者やそれに近い社会福祉の研究者は、総じて、右肩上がりの経済成長を前提にして、「福祉の充実」を理念として研究を行ってきた。しかし、福祉は聖書に描かれた「マナ」のように天から与えられるものではない。福祉を充実するためにはその資源を充実させなければならないのである。いまや、「持続可能な社会保障制度」の理念こそが、むしろ福祉の充実のためにも基底的なものとされなければならない。

新しい問題群としては、温暖化を中心とする地球環境問題と、医療や生命科学の発達によって生じたさまざまな生命倫理問題も重要だ。環境問題もまた、社会保障制度と同じように「持続可能性」という問題を提起している。これは、産業化の時代には、まったく無視されてきたわけではないものの、メインのテーマにはなっていなかった問題である。

環境問題と生命倫理の問題からは、「新しい倫理問題」も提起されている。ともに、科学技術の進展がもたらしたものだという共通性もある。

以上の諸問題は、前期近代とは異なる「後期近代の社会問題」を構成している。こうした問題を社会学として引き受けて、その解決に向けての取り組みそのもの、つまり社会の秩序構想の新たな構築を課題とすることが、新しい社会学に求められていると考えることができる。

実際、すでにさまざまな社会学的研究がこれら後期近代型社会問題に向けて行われている。いわば「秩序構想の学としての社会学」という本来的な課題に応えようとしているのである。ただし、今日、さきの「社会学とは何か」への答え方から明らかなように、「秩序構想の学」というアイデンティティが提示されることはほとんどない。

2　秩序構想としての社会学はいかにして可能か

学問共同体における「真理」の価値

社会学を秩序構想の学として再定義し、この自己定義にふさわしい諸概念と諸理論との発展に取り組むことは、言うは易いが、実行にはさまざまな問題がある。前章でみたように、そもそも規範理論の探究のしかたそのものが必ずしも確立していない。そうであるのに、これまで「経験科学」だと自己規定してきた社会学が、どのようにして「秩序構想の学」として自己を変容させることができるだろうか。

これを考える上で大きなヒントになるのが、学問共同体における秩序のありかたである。学問共同体は、たとえどんなに経験主義的な学問分野であっても、それ自体としては規範的な意味秩序からなっている。ここでは、純粋な経験科学である天文学や素粒子論などを念頭におきながら考えてみよう。

学問は、「真理」という価値を奉戴しており、それによって牽引されている。個々の研究者の活動は、真理の解明に向けられている。それは、たとえローティのような脱構築系の哲学者たちがしばしば「真理」という価値は不要だと主張しているにもかかわらず、そうである。というのも、「真理」を不要だという哲学者であっても、みずからのその主張が「正しい」ことを主張しているのであり、その主張が正しいということは、それが「真理」を主張していることにほかならないからである。「真理」は、たとえ表面的にはそれを否定する研究者がいたとしても、かれらを含めた学問共同体において共通に奉戴されている価値理念なのだ。

むろん、「何が真理か」は、人々によって異なる。これは、探究の成果として結果的に分かっていくものだ。その上、「真理とは何か」の概念も人によって異なる。認識論や科学哲学の諸議論の多くは、「真理とは何か」をめぐって闘わされている。脱構築系の議論もその中で生まれたものだ。

「真理」は科学者や哲学者たちにとっては、「神」のような存在である。もしかしたら、それを見たものは誰もいないかもしれない。人々が観念ででっちあげたものかもしれない（懐疑論的な科学哲学は、「真理」の存在が証明できないということを最大の論拠にしている）。しかし、「真理」の価値なしには、学問も学問共同体も成立しない。

どういうふうに成立しないかと言えば、さまざまな制度的構造が「真理」を前提に組み立てられているからである。

①研究の評価と競争。研究者たちは熾烈な競争を繰り広げている。ニュートリノに質量があるかどうかを誰が最初に解明するか。ブラックホールの存在を経験的データで裏づけることに成功するのは誰か。こうした競争は、それぞれの研究が一定の基準に従って評価されることを前提にしている。この基準を最終的に支えているのが「真理」である。つまり、それぞれの研究は、はたして真理を発見したのか、その真理はどういう意義があるのか、という基準である。

研究の評価と競争は、自然科学に限らず、人文学や社会科学でも同様に存在する。したがって、これらの学問分野でも、最終的には「真理」の価値が前提されているのである。

むろん、じつは、評価と競争はいつも「真理」だけで支配されているのではない。学者の世界にも、仲間ぼめ、無名の研究の無視、学界での権力闘争、お金の儲かりそうな研究の重視、などがつねにうずまいている。一部の知識社会学者や科学哲学者は、学問世界がむしろそうした権力的なもので支配されていると主張しがちである。たしかに、学問世界の経験的な現象には、そうした面がないわけではない。しかし、学問世界がそうした権力や利害をめぐる闘争だけで支配されているというのは、事態の正しい記述ではない。多くの研究者は、それぞれの分野の評価や競争のシステムを基本的には受け入れている。それは、そのシステムが最終的には「真理」という、権力や財力とは独立した、普遍的な価値によって制御されていると考えているからである。（これは、まさにルーマンの「システムの機能分化」が意味しているものである。）

②研究に関わる諸規範。研究を遂行するにあたって、研究者が従わなければならないいくつかの重要な規範がある。代表的なものは、データの捏造の禁止と剽窃の禁止である。これらはいずれも、研究が「真理」をめざした営みであり、その競争が公正であることを保証しようとする規範である。ちょうどスポーツにおいて、八百長やウソの記録申告やドーピングが禁止されているのに似ている。

③研究の公開性と討議可能性。研究は学会大会や専門誌などに発表され、他の研究者からの批判や質問にさらされる。すべての学問分野がそうした「発表のアリーナ」を制度化している。批判や質問の中には、権力的なものもありうる。それまでの定説に反した研究成果は、学界の主流派からは徹底的に批判される傾向があるし、大御所の発表にはただそれだけの理由で大勢の聴衆が集まったりする。しかし、にもかかわらず、それぞれの学問分野はできるだけ公平で開かれた発表の場を用意するために努力している。それも、研究者たちが「真理」を探究することに最大の価値を置いているからである。

ちなみに、公開性と討議可能性とは、ハーバマス（一九二九〜）の「市民的公共性」の理念の中核をなしているが、学問共同体は、少なくともその理想形態としては、ハーバマスの理念にかなったものである。

以上のように、学問世界の制度的構造は、そこに「真理」という価値が奉戴されていることによって成立しているのである。それはある意味ではパーソンズの言う「共有価値」だともいえるだろう。ただ、パーソンズの理論には欠けている重要な側面を強調しておかなければならない。それは、第一に、「真理」が共有価値だと言っても、それが具体的に何であるかは前もって確立されておらず、その探究そのものがその価値にそった手続きのもとで進められていることである。そして第二に、そこには、相互の批判と討議が不可欠の手続きとして組み込まれていることである。多くの宗教のように、「真理」がすでにどこかに存在していて、誰かによって語られたり書かれたりしており、身分制的に誰か「真理」に一番近い権威者がいたりする、という構造になっているわけではない。

社会の中の社会学

社会は学問共同体ではない。「真理」という価値だけが奉戴されているのでもないし、最高の価値というわけでもない。主な違いは、次の二つだ。

① 社会は、さまざまな価値を戴く人々からなる多元的な世界である。

② 学問的世界と違って、権力や政治が決定的に重要な役割をはたす。

おそらくこの二つは関連している。多元的な世界だからこそ、単一の価値を根拠にして秩序づけられるのではなく、権力や政治が表に出てこざるをえないのだ。政治とは、多元的な諸価値をなんらかのかたちで調整するしくみなのである。

それはともかくとして、こうした多元的世界である社会的世界を前にして、社会学の立ち位置がどういうものであるか、あるいは、どうあるべきかを考えてみよう。

すでに述べたように、社会学は結局のところ「外的視点」に徹することはできない。事実としても、社会的世界の中に組み込まれている。「あたかも」外的視点に立っているかのように探究することはできるが、あくまで「あたかも」という仮想的な視点である。

これは、学問共同体の中で、自らの学問の現状を分析することに似ている。物理学者も物理学の現状を分析し、そのあるべき研究の方向や体制を論じることがある。科学哲学とは本来、そうした探究を学問横断的に行うものであろう。哲学自体が、もともと、学問の学問として、そうした役割を担うはずのものであった。じつは、本書自身、社会学の中から社会学の現状を分析することを通じて、社会学のアイデンティティを再確立しようという企図のものだ。

学問の中で哲学が占めるような位置を、社会的世界の中で社会学が占める、と考えられないだろうか。むろん、基本的にはすべての社会科学がそういう位置を占めている。しかし、社会学という学問の伝統には、他の社会科学とは異なる特色がある。それは、社会的世界の秩序を構成するもっとも基底的な価値である「共同性」に焦点をおいていることである。経済学は、市場の効率性や生産の高さを価値とする。政治学は、政治的決定構造における民主主義やよき権力のありかたを問題にする。それらに対して、社会学は、社会的世界に存在している、あるいは存在すべき「共同性」を問題にしているのである。

ここで、共同性に焦点をあてることの意味を、社会的世界の特質に立ち戻って明確にしておきたい。

社会的世界は意味世界である。意味世界であることの第一の重要な帰結が、外的視点に立つことが不可能だということである。

それはこういうことだ。意味世界の探究とは、人々の主観的な意味世界を解明することである。それは、基本的にヴェーバーやシュッツが考えていたことと変わらない。ただ、すでに述べたように、シュッツは、社会科学者が対象世界の人々の主観的な意味世界をその主観的な観点に立って解明することは不可能だと考えた。それには二つの理由があった。一つは単純に、他人が人の主観的意味世界を完全に理解することはどうやっても不可能だという一般的な理由である。そしてもう一つは、社会科学は「客観的な」科学として確立されなければならないという理由である。

前者は、ある意味でいたしかたない。それを根本的に乗り越えることは、日常生活者であれ社会科学者であれ、不可能だ。しかし、むろん、意味世界の探究は完全な解明でなければ意味がないというものではない。

第二の理由は、本書の立場からすると、間違っている。「客観的な科学をめざす」ということが間違いなのではなく、その理由によって、社会科学者が日常世界の外部に立って、その意味世界とは異なる客観的な意味世界を構築するしかない、という判断が間違いなのだ。そうではなくて、対象世界の内部に属しながら、なおかつ「客観的な」ものをめざすというのが、社会科学の方法でなければならない。

このことを、ふたたび学問世界をてがかりにして説明してみよう。学問世界で奉戴されている最大の価値は「真理」である。研究者たちは、思い思いのしかたでその価値を戴きながら、その探究に従事している。この程度までなら、「外的視点」からでも記述できる。しかし、これからさらに進んで、たとえば現代の素粒子論がどこまで世界を解明していてどういう探究課題に取り組んでいるのかを理解しようと思ったら、その内部に徹底的に入り込む必要がある。素粒子論に取り組んでいる研究者たちの意味世界を基本的に内在的に理解することなしに、素粒子論がどうなっているかを語ることはできない。むろん、外在的に、たとえば「かれらは名声を得るために巨額の国費を投じて巨大な加速器を建設した」ということもできる。たぶん、それも間違いとはいえない。しかし、それでは素粒子研究の世界を解明したことにはならないだろう。

ましてや、ここに、現在の素粒子論の定説とは異なる仮説をたてて研究しようとする研究者がいるとする。かれは、当然、現在の素粒子論の描く意味世界を自らのものにしたうえで、そのどこに問題が潜んでいるかを明らかにしなければならない。内在的批判でなければ、意味世界の変容を導くような批判にはならないのである。

しかも重要なことは、この批判的研究者が成し遂げようとしていることは「客観的」なレベルのものである。素粒子論の場合には、経験科学の「真理」という客観的価値が前提になっているから、内在的批判が同時に客観的であることは十二分に保証されている。しかし基本的には、これは人文学でも社会科学でも変わらない。

意味世界の探究であることの第二の帰結は、その探究がおのずから対象「意味秩序」の妥当性の問題に関わっていることである。このことは、上の学問世界の例ですでに明らかである。素粒子論を学史的ないし解説的に記述する人でさえ、それを記述する際には、過去と現在の素粒子論を「評価」することを伴わざるをえない。評価とは、現存する意味秩序の妥当性を問題にすることである。ましてや、素粒子論の新しい理論を提示しようとする人は、現在のそれに妥当性が欠けているという認識から出発しているのである。つまり、純粋には経験主義的ではなく、規範的な評価に関わっているということだ。

第三の帰結が、この評価の基準を与える視点の特性である。意味秩序は、いかなる観点からその妥当性を評価されるか。それは、学問世界であれば、基本的に「真理」という価値に基礎を置いて評価されるだろう。「真理」とは、学問共同体を支える共通の価値である。共通に奉戴された価値の基準によって、当該の意味秩序が評価される。意味秩序の妥当性を評価するのは、何らかの共同的な、あるいは客観的な価値によってである。

このことは、人文学でも変わらない。たとえば、芸術史学であれば、歴史的な個々の芸術作品を「評価」しないで記述することはできない。その評価は、当の芸術史学者が「客観的に妥当するだろう」とみなしている学問共同体の共同的な価値を基盤にしてなされる。哲学にしても、文学にしてもそうである。むろん、ここで「客観的に妥当するだろう」と想定したものや、それにもとづく判断は、間違っているかもしれないし、のちに否定されるかもしれない。それは、経験科学の場合でもそうだ。

何がほんとうに「価値」かは、永久に誰にも分からないかもしれない。しかし、そうした「客観的な価値が存在するだろう」という仮説的な前提のもとで、学問世界は成り立っているのである。学問世界を秩序づけているのは、そうした、共同の仮説的な価値なのである。

以上のように、意味世界の探究は、外的視点の不可能性、規範的関与、そして共同の仮説的価値、によって特徴づけられる。これは、社会的世界を対象とする社会学にとっても当てはまる特徴である。

3　共同性への探究

規範的社会理論の「客観性」

社会学に限らず、規範的な関与を含んだ秩序構想の学を定立する際には、当然のこととして、その探究の「客観性」が問題になる。純粋な経験科学であれば、客観性は研究成果あるいは理論の、対象である経験的世界に対する真理性として考えることができる。実際にそれが達成できているかはともかく、その共通の価値が客観性の基盤をなす。

それに対して、意味世界の探究においては、経験科学の意味での「真理性」は依然として重要であるものの、少なくとも部分的な役割にとどまる。むろん意味世界の探究が経験科学的な真理性を無視していいわけではない。意味世界の探究のある部分は、経験的な世界の探究でもあるからである。しかし、たとえばヴェーバーのある文章の意味は何かというような探究課題にとっては、経験科学的な真理性は役に立たない。そのことが、これまで社会学をして経験科学を超えたレベルで自己規定することをためらわせてきた要因のひとつであった。

第9章でみたように、規範理論は依然として「いかなる理論が正しいか」の基準を確立し損なっている。しかし、規範理論の方法は、荒削りではあるが、基本的に次のように考えればいいのである。

①　対象意味世界の意味の解明と、意味秩序の妥当性の考察において提示される「意味解釈」や「価値」は、いずれも仮説である。導出の手続きや、経験的なデータから、それらの「客観性」を確証

することはできない。

② 提示された仮説としての意味解釈や価値は、他の研究者からの批判的吟味と討議の対象にさらされる。そのプロセスはアルゴリスミックではなくて創発的である。討議の過程で、それまで気づかれなかった論点や新しい読み方や新しい価値が発見されるかもしれない。

③ 参加者はそれぞれの「客観的なもの」への志向のもとでこの討議のプロセスに参加する。つまり、何か個別的なものや偏ったものを超えた上位の価値にしたがおうとする態度で臨む。（むろん、全員がいつもそうだとは限らない。）

④ こうした討議のプロセスは、われわれが共通に受け入れることのできる新しい意味や価値を見いだす可能性に開かれている。

ここで枢要なのが「仮説」という考え方である。提示しようとしている理論や研究を導いている前提的価値が「仮説」だと考えれば、これまでの「客観性」に関わる悩みや混乱が解消される。つまり、あらかじめ「客観的」であることを一〇〇パーセント保証された地点に立つのでなければ客観性をめざした研究に取り組むことはできない、と考える必要はないのである。仮説から出発して、なおかつ、客観性をめざすことができる。そして、客観性をめざす方法は、それ以外にありえないのである。

社会学者の多くは、いかにして自文化中心主義に陥ることなしに、探究を進めることができるかに大きな関心を抱いてきた。経験主義や系譜学であれば、自文化中心主義を回避することができるのではないかと考えた人は多い。むろん、自文化中心主義は回避すべきだ。しかし、それはけっして完全には回避することはできない。それは自然科学でもそうだ。手続き的に自文化中心主義を完全に回避する方法は存在しない。

重要なのは、手続きではなくて結果である。仮説なのだから、自分では普遍的に妥当すると考えた理論が、討議の結果、自文化中心主義的であったと判明するかもしれない。その逆もありうる。たとえば、アメリカン・デモクラシーやハリウッド映画は明らかに自文化中心主義的に生み出されたものではあるが、結果として、一定の普遍的な価値を担っていると評価できるだろう。

いずれにしても解釈学や規範理論の「客観性」は、経験科学における真理のようには考えることができない。それは経験的な観測データによってチェックされるのではなく、普遍的妥当性に志向した共同の討議をつうじて接近していくその先に想定されるものである。

共同性の学としての社会学

社会学とは、学問世界を超えた一般的な社会について、「共同性」のありようを経験的および規範的に探究する学問である。

社会科学一般が、じつはすでにそうした「共同性」に志向して展開されているのである。たとえば経済学は、市場メカニズムの効率性や財の分配における人々の厚生のレベルなどを基準とした規範的探求に従事しているが、効率性や厚生は「共同性」の一つの側面を構成している。政治学もまた、政治権力や政治的決定のしくみのあるべき姿という側面での共同性を規範的に探究しているといえる。（もっとも、社会学の探究すべき共同性は、経済学や政治学のそれとは当然異なるだろう。）

社会学が共同性についての学問だということは、誰もがうすうすとは知っていることであるし、ときには明示的にそう主張されたりしてきたことである。社会学は共同性という価値に志向した秩序構想の学である。これは、社会学の成立当初からそうであった。

たとえば、M・シェーラーをはじめとする現象学的社会学が「いかにして（独我論の否定としての）共同主観性は成立するか」を問題にし続けたことはよく知られている。独我論というのは、「自分と同じような心をもった他者は存在しない、あるいは存在するという根拠はない」とする立場からする理論のことである。独我論は、「共同性」ともっとも対立する位置にある。逆に、「共同主観性」の成立を探究するとは、もっとも基礎的なレベルでの共同性、すなわち人々のあいだでのコミュニケーションの「通約可能性」や「理解可能性」の成立根拠を探究することである。現象学的社会学がめざしたのは（あるいは今日でもめざしているのは）、そうした基底的な共同性の成立可能性を解明することであった。

自文化中心主義への自己懐疑に陥っている今日の社会学においても、基本的には変わりはない。たとえば一九七〇年代以降、共同性に強く志向した研究領域として、ジェンダー、エスニシティ、障害者などに関わるマイノリティ研究がある。それらの研究は、社会的世界に現存する差別や権力的支配や排除の構造を解明することに熱心に取り組んできたのであるが、それはまさに「共同性の破れ」を検証することにほかならなかった。あるいは、一九七〇年代以降に登場した環境社会学とは、環境問題という一見自然科学的な問題に潜む社会的共同性の危機と回復をテーマとするものである。

「共同性」の探究のしかた

ところでいうまでもないが、「共同性」の理念には危うさや曖昧さがつきまとっている。

第一に、共同性の探究はややもすると既存の共同体の再生や強化を考えるだけで終わってしまう危険がある。現代リベラリズムとの対比においてコミュニタリアンの議論がそうした傾向をもつことは否めない。戦前日本の農村社会学が、地主・小作等の階層対立よりはむしろ村落共同体における結合の論理に眼を奪われたことも事実である。つまり、共同性の探究はしばしば「現状維持」や「閉鎖性」に帰着してしまう。

第二に、社会学におけるこれまでの探究はどちらかといえば「既存の秩序の中にある共同性を経験的に同定すること」に重点を置いてきた。先ほどの戦前期の農村社会学がそうであるが、ほかにも、市場的貨幣経済のもとでの共同性を強調したジンメル、近代的個人主義の中に共同性を発見しようとしたデュルケム、あるいは移民街とそこに住む不良青年グループにおける秩序を詳細に記述した『ストリート・コーナー・ソサエティ』(Whyte 1943)や生産効率性実験の中に労働者集団のインフォーマルな共同性を発見した「ホーソン実験」など、枚挙にいとまがない。これらは一部で思われているほどには現実の社会が個的でも利己主義的でも無秩序でもないことを発見したのであるが、結果として、それは既存の秩序に対して無批判的になる面がある。

このように、共同性の探究が既存秩序の正当化に帰着する傾向が少なくなかったということが、一九七〇年代以降の社会学における自己懐疑の一つの大きな要因だったとも言えるだろう。この点は反省されなければならない。しかしこれは共同性の探究に必然的なことではない。われわれはいつでも、既存の秩序を批判し、そこにおける共同性の中身を規範的に問題にすることができる。

したがって、共同性の探究にはつねに二つの側面がある。一つは、現にある社会的世界に経験的に存在する共同性はいかなるものかを解明することである。戦前期の農村社会の研究、一九八〇年代の日本的経営の研究、あるいは最近のITコミュニケーションの研究などがそうした部類の研究の例であろう。

もう一つは、現にある共同性の解明を超えて、「よりよい共同性とは何か」「それはいかにして可能か」を探究するものである。階層研究、差別研究、ジェンダー研究、環境社会学、社会保障研究など、本来的にこの部類に属すと考えられる研究は非常に多い。ただ、現時点では、こうした研究もみずからが「規範的研究」であるとの自覚は少ない。むしろ、意識的には、「社会学なのだから、何が規範的に望ましいかの論点には踏み込まない」という姿勢をとる傾向が強い。これは、実際の問題関心や研究で遂行していることと、それについての自己理解とが矛盾していることを意味する。この矛盾は解消されなければならない。

第一の現状解明型の研究にしても、外的視点に立つわけではないし、純粋に経験主義に徹底できるわけでもない。現状の共同性の研究は、当然、そこに潜む問題の構造を浮かび上がらせることをも視野に入れなければならないのである。

社会学が共同性の学だという自己認識はまだ十分には確立していないので、これから取り組まれなければならない課題は非常に多い。とくに、理論的な概念図式の構築が大きく遅れている。

具体的には、次のような課題がある。

① 現にある社会的世界にはいかなる共同性が存在するか。その共同性のタイプ分けの試みが必要である。

② 現にある共同性はどのようにして成立しているか。そのメカニズムやしくみの解明が求められている。

③　現にある共同性には、どのような問題があるか。
④　望ましい共同性のありかたはどのように理論化できるか。

これらの課題はお互いに関連している。社会学は、社会的世界のさまざまな側面についての実証的な研究を通じて、これらの課題に自覚的に取り組むことが求められている。それによってこそ、今日の社会学の危機を克服し、社会学のアイデンティティを再構築することが導かれるだろう。

どんな学問も、一定の共同関心のもとで成り立っている。何かを共通に探究しているという感覚や了解がなければ、一つの学問として持続的に発展していくことはできない。「社会学とは何か」という問いに答えることは、社会学の共通の探究課題は何かを答えることである。本書は、それは「共同性」だと考えている。

この解答は、まだ始まりを告げるものにすぎない。実際に、自覚的に「共同性」を主題とする理論の構築が取り組まれなければならない。しかし、それはまた別の機会にゆだねることにして、本書としては、この課題を提示したことで満足することにしよう。

注

（1）狭い意味での中意識論争は、一九七七年五月から八月にかけての朝日新聞紙上に掲載された諸論考をさしているが、主要な論者たちはそれぞれ、岸本（1978）、富永（1979, 1988）、村上（1985）などの著作で自論を展開している。

あとがき

社会学という仕事に携わるようになってから四〇年以上になるが、私にとって、長い間、社会学は謎のままであった。むろん、今でも幾分かはそうである。謎だったからこそ、社会学を究明してみたいという思いが、社会学への道を歩ませたのかもしれない。

謎の根幹は、結局のところ、社会学の「客観性」に帰着する。学部生の時に最初に書いた社会学レポートのテーマが、マンハイムの『イデオロギーとユートピア』であった。当時、学生運動が盛んで、「存在が意識を規定する」というマルクス主義のテーゼが学生の間でまことしやかに語られていた。存在というのは基本的に階級的位置のことで、プロレタリア階級のみが客観的で正しい社会認識を得ることができるのであって、それ以外の階級の者やその出身者による社会認識は、自己の階級的立場の正当化に囚われてかならず誤ったものにならざるをえない、というのである。

社会学者マンハイムは、このテーゼ自身の立場性を疑ったのだった。「存在が意識を規定する」というテーゼをより徹底的に普遍的に適用するとどうなるか、それがマンハイムの取り組んだ問題であった。この認識の妥当性に関する普遍主義的な問題設定に、私は大いに惹かれた。しかし、「浮遊する知識人」こそが立場性に囚われない社会認識の担い手になりうるというマンハイムの解答は、明らかに説得的なものではなかった。

それからしばらくして、卒業論文で取り組んだテーマは「階級とは何か」というものであった。いうまでもなく、階級・階層は社会学における最も中心的な研究主題の一つで、そのころは「階級とは何か」をめぐって欧米でも日本でも盛んに議論が展開されていたのである。当時の問題関心の焦点にあったのは、一つはいわゆる新中間階級、つまりホワイトカラー層をどう位置づけるかという問題であり、もう一つはマルクス主義的階級論がどこまで妥当かという問題であった。そうした時代の雰囲気の中で、「階級の概念をどう定義すべきか」という問いを立てて、自分なりに考えていったのである。実証的な階層研究に携わるようになる以前のことなので、ひたすら文献を読んで、そこで展開されている階級理論をあれこれと分析的に考察するというものであった。

しかし、この卒業論文は明らかな挫折に終わった。結局のところ、「階級概念をどう定義すべきか」という問いに対して、いかなる基準や条件でもって、どういう概念化のしかたが妥当なものであるのかを判断することができるのかという問題がずっとつきまとっていて、それがまったく解けなかっただけでなく、解ける見通しさえまったく立たなかったのであった。

今では、この挫折の理由は明らかである。なんといっても最大の理由は、「階級概念をどう定義すべきか」という問いは、「階級」が客観的に実在しているという前提のもとではじめて意味をもつ問いであるのに対して、実際のところ、「階級」はけっして通常の意味で客観的な実在ではないということである。今ふうにいえば、「階級」とは構築されたものなのだ。むろん当時は「構築された」というような言葉さえ、少なくとも日本の社会学界には広まっていなかった。(バーガーとルックマンの『現実の社会的構成』は一九六六年に出版されているが、私がそれを読んだのは一九七四年のころだった。）

階級概念に関するこの挫折を一つのきっかけとして、私には社会学で当たり前のように流通しているさまざまな主要諸概念および理論と称されるもののことごとくが、何か曖昧で根拠のないものに思えてきた。ぼんやりと浮かぶ蜃気楼か空中楼閣のようにしか感じられなくなったのである。

数理社会学に入り込んでいったのは、そうした曖昧な社会学の中で、少しでも確実なもの、信頼の置ける立論のしかた、誰に向かっても「これが真実です」と自信をもって提示しうるものを求めていたからである。

最初からそういう見通しがあったわけではまったくないが、結果としてみれば、これは社会学という学問を根本から捉えなおすための迂回戦略として、たいへん役に立った。数理を通じて、実証的な階層研究や数理的な社会移動研究に進んでいくことができたし、なんといっても、秩序問題という社会学および社会理論の中核問題へ接近することができたのである。そうした領域でのさまざまな試行錯誤や小さな論考を積み重ねていく中で、「社会制度とは、経験的な実在ではなくて理念的な実在である」という考えを、疑いえないものとして確信するにいたった。それは同時に、卒業論文以来、ずっと私を悩ませていた「社会学において確実なもの」への探究に、一定の解決をもたらすものであった。それが『制度論の構図』（1995）にほかならない。

本書は、そこでの議論の大部分を引き継いで、社会学の全体像を再構成することをめざしたものである。ただし、重要な一点において、はっきりとした違いがある。それは、『制度論の構図』では社会学をあくまで経験的な学問として再構成することを考えていたのに対して、本書では、社会学は最終的には「経験的」ではなくて「規範的」な学問たらざるをえないと考えている点である。これは、重大な違いである。本文中には述べていなかったので、ここで記しておきたい。

「叢書・現代社会学」を構成する一冊を執筆するについては、編者の一人としてつとに心の準備をし、構想を練る作業を重ねてきたのであるが、諸般の事情から、本格的な執筆に入れたのはようやく今年に入ってからであった。当初の予定を大幅に遅れてしまって、筆頭編者の金子勇先生とミネルヴァ書房のみなさんとに大変なご迷惑をおかけすることになった。辛抱強く寛容にお待ちいただいたことに、心から感謝申し上げたい。

二〇一〇年九月

盛山和夫

叢書・現代社会学

編集委員
金子　勇　佐藤俊樹
盛山和夫　三隅一人

*社会分析　金子　勇
*社会学とは何か　盛山和夫
*社会関係資本　三隅一人
*社会学の方法　佐藤俊樹
*社会的ジレンマ　海野道郎
都市　松本　康
社会意識　佐藤健二
メディア　北田暁大
比較社会学　野宮大志郎
*モビリティーズ・スタディーズ　吉原直樹

アイデンティティ　浅野智彦
ジェンダー／セクシュアリティ　加藤秀一
貧困の社会学　西澤晃彦
社会学の論理（ロジック）　太郎丸博
*仕事と生活　前田信彦
*若者の戦後史　片瀬一男
福祉　藤村正之
社会システム　徳安　彰
*グローバリゼーション・インパクト　厚東洋輔
現代宗教社会学　櫻井義秀

（*は既刊）

《著者紹介》
盛山　和夫（せいやま・かずお）

1948年　生まれ。
1978年　東京大学大学院社会学研究科社会学専攻博士課程退学，1996年博士（社会学）（東京大学）。
現　在　東京大学名誉教授。
主　著　『制度論の構図』創文社，1995年。
『社会階層――豊かさの中の不平等』（共著）東京大学出版会，1999年。
『リベラリズムとは何か――ロールズと正義の論理』勁草書房，2006年。
『社会学入門』（共編著）ミネルヴァ書房，2017年。
『協力の条件――ゲーム理論とともに考えるジレンマの構図』有斐閣，2021年。

叢書・現代社会学③
社会学とは何か
――意味世界への探究――

2011年２月10日　初版第１刷発行　〈検印廃止〉
2025年７月10日　初版第４刷発行

定価はカバーに
表示しています

著　者　盛　山　和　夫
発行者　杉　田　啓　三
印刷者　藤　森　英　夫

発行所　株式会社　ミネルヴァ書房
607-8494　京都市山科区日ノ岡堤谷町１
電話（075）581-5191（代表）
振替口座　01020-0-8076番

亜細亜印刷・新生製本

ISBN 978-4-623-05946-1
Printed in Japan

索　引
（＊は人名）

あ 行

か 行

さ　行

た　行

や　行

ら　行

参照文献

Aron, Raymond, 1965, *Main Currents in Sociological Thought*, Basic Books.（北川隆吉他訳, 1974,『社会学的思考の流れＩ』法政大学出版局.）

Austin, J. L., 1960, *How to Do Things with Words*, Oxford University Press.（坂本百大訳, 1978,『言語と行為』勁草書房.）

馬場靖雄, 2001,『ルーマンの社会理論』勁草書房.

Bacon, Francis, 1620, *Novum Organum*.（桂寿一訳, 1978,『ノヴム・オルガヌム（新機関）』岩波文庫.）

Becker, Howard S., 1963, *Outsiders*, Free Press.（村上直之訳, 1978,『アウトサイダーズ』神泉社.）

Bellah, Robert N., Richard Madsen, Willam M. Sullivan, Ann Swidler, and Steven M. Tipton, 1985, *Habits of Hearts: Individualism and Commitment in American Life*, University of California Press.（島薗進・中村圭志訳, 1991,『心の習慣』みすず書房.）

———, 1991, *The Good Society*, Knopf.（中村圭志訳, 2000,『善い社会——道徳的エコロジーの制度論』みすず書房.）

Bentham, Jeremy, 1789, *An Introduction to the Principles of Morals and Legislation*.（山下重一訳, 1979,「道徳および立法の諸原理序説」(抄訳）関嘉彦責任編集『世界の名著 49　ベンサム　ミル』中央公論社.）

Berger, Peter L. and Thomas Luckmann, 1966, *The Social Construction of Reality*, Doubleday & Co.（山口節郎訳, 1977,『日常世界の構成』新曜社.）

Berger, Peter L., and Hansfried Kellner, 1981, *Sociology Reinterpreted: An Essay on Methods and Vocation*, Anchor Press.（森下伸也訳, 1987,『社会学再考——方法としての解釈』新曜社.）

Blau, Peter M., 1964, *Exchange and Power in Social Life*, John Wiley.（間場寿一・居安正・塩原勉訳, 1974,『交換と権力――社会過程の弁証法社会学』新曜社.）

Bourdieu, Pierre, 1980, *Le sens pratique*, Minuit.（今村仁志・福井憲彦・塚原史・港道隆訳, 1988/1990,『実践感覚 1 , 2 』みすず書房.）

――――, 1987, *Choses dites*, Minuit.（石崎晴己訳, 1988,『構造と実践』新評論.）

Bourdieu, Pierre, et J. C. Passeron, 1970, *La reproduction: éléments pour une théorie du système d'enseignement*, Minuit.（宮島喬訳, 1991,『再生産』藤原書店.）

Burawoy, Michael, 2004, "For Public Sociology," *American Sociological Review*, 70（1）: 4-28.

Butler, Judith, 1990, *Gender Trouble*, Routledge.（竹村和子訳, 1999,『ジェンダー・トラブル』青土社.）

Coleman, James S., 1990, *Foundations of Social Theory*, The Belknap Press of Harvard University Press.（久慈武利監訳, 2004, 2006,『社会理論の基礎（上・下）』青木書店.）

Cooley, Charles Horton, 1902, *Human Nature and the Social Order*, Charles Scribner's Sons.

Coulter, Jeff., 1979, *The Social Construction of Mind: Studies in Ethnomethodology and Linguistic Philosophy*, Macmillan.（西阪仰訳, 1998,『心の社会的構成――ヴィトゲンシュタイン派エスノメソドロジーの視点』新曜社.）

Derrida, Jacques , 1990, *Limited Inc.*, Editions Galilée.（高橋哲哉他訳, 2002,『有限責任会社』法政大学出版局.）

Dilthey, Wilhelm, 1883, *Einleitung in die Geisteswissenschaften*.（塚本正明編集校閲, 2003,『精神科学序説〔ディルタイ全集第 1 巻〜第 2 巻〕』法政大学出版局.）

Dworkin, Ronald, 1985, *A Matter of Principle*, Harvard University Press.

Durkheim, Emile, 1893, *De la division du travail Social*, P.U.F.（田原音和訳, 1971,『デュルケーム・社会分業論』〔現代社会学体系２〕青木書店; 井伊玄太郎訳, 1989,『社会分業論（上・下）』講談社学術文庫.）

———, 1895, *Les règles de la méthode sociologique*, Presses Universitaires de France.（宮島喬訳, 1978,『社会学的方法の基準』岩波書店.）

———, 1897, *Le suicide: étude de sociologie*.（宮島喬訳, 1985,『自殺論』中公文庫.）

———, 1912, *Les formes élémentaires de la vie religieuse: le système totémique en Australie*.（古野清人訳, 1975,『宗教生活の原初形態（上・下）』岩波文庫.）

Etzioni, Amitai, 2001, *Next: The Road to the Good Society*, Basic Books.（小林正弥監訳, 2005,『ネクスト——よき社会への道』麗澤大学出版会.）

Evans-Pritchard, E. E., 1940, *The Nuer*, Clarendon Press.（向井元子訳, 1997,『ヌアー族』平凡社ライブラリー.）

Feyerabend, P. K., 1975, *Against Method: Outline of an Anarchistic Theory of Knowledge*, New Left Books.（村上陽一郎・渡辺博訳, 1981,『方法への挑戦——科学的創造と知のアナーキズム』新曜社.）

Firth, Raymond, 1936, *We, the Tikopia: Kinship in Primitive Polynesia*, George Allen & Unwin.

Foucault, Michel, 1963, *Naissance de la clinique: une archèologie du regard mèdical*, P.U.F.（神谷美恵子訳, 1969,『臨床医学の誕生』みすず書房.）

———, 1972, *Histoire de la folie à l'âge classique*, Gallimard.（田村俶訳, 1975,『狂気の歴史』新潮社.）

———, 1976, *L' Histoire de la sexualite* Ⅰ, *La volonté de savoir*, Gallimard.（渡辺守章訳, 1986,『性の歴史Ⅰ　知への意志』新潮社.）

Garfinkel, Harold, 1967, *Studies in Ethnomethodology*, Polity Press.

Giddens, Anthony, 1984, *The Constition of Society: Outline of Theory of Structuration*, Polity Press.

————, 1997, *Sociology*, 3rd edition, Polity Press.（松尾精文他訳，1998,『社会学　改訂第３版』而立書房.）

Gouldner, Alvin W., 1971, *The Coming Crisis of Western Sociology*, Basic Books.（岡田直之他訳，1978,『社会学の再生を求めて』新曜社.）

Habermas, Jürgen, 1962, *Strukturwandel der Öffentlichkeit: Untersuchungen zu einer Kategorie der bürgerlichen Gesellschaft*, Neuwied.（細谷貞雄・山田正行訳，1994,『公共性の構造転換――市民社会の一カテゴリーについての探究』〔第２版の訳〕未来社.）

————, 1981, *Theorie des Kommunikativen Handelns*, Suhrkamp Verlag.（丸山高司他訳，1987,『コミュニケーション的行為の理論（上・中・下）』未来社.）

————, 1992, *Factizität und Geltung*, Suhrkamp Verlag.（河上倫逸・耳野健二訳，2002,『事実性と妥当性（上・下）』未来社.）

原純輔・盛山和夫，1999,『社会階層――豊かさの中の不平等』東京大学出版会.

長谷川公一・浜日出夫・藤村正之・町村敬志，2007,『社会学』有斐閣.

Hegel, G. W. Friedrich, 1821, *Grundlinien der Philosophie des Rechts*.（藤野渉・赤沢正敏訳，1978,「法の哲学」『世界の名著 44　ヘーゲル』中央公論社.）

Hobbes, Thomas, 1651 → 1965, *Leviathan*, Clarendon Press.（永井道雄・宗方邦義訳，1979,「リヴァイアサン」『世界の名著 28　ホッブズ』中央公論社.）　→ 1904, *Leviathan*, Cambridge University Press.（水田洋訳，1954,『リヴァイアサン』岩波書店.）

Homans, George C., 1950, *The Human Group*, Harcourt.（馬場明男・早川浩一訳，1959,『ヒューマン・グループ』誠信書房.）

———, 1961, *Social Behavior: Its Elementary Forms*, Routledge & Kegan Paul.（Revised ed., 1974, Harcourt Brace Javanovich.）（橋本茂訳, 1978,『社会行動——その基本形態』誠信書房.）

Hume, David, 1739-40 → 1984, *A Treatise of Human Nature*, Penguin Books.（大槻春彦訳, 1948,『人性論』全四巻, 岩波書店；土岐邦夫訳, 1968,「人性論」(抄訳)『世界の名著 27　ロック　ヒューム』中央公論社.）

Husserl, Edmund, 1931, *Cartesianische Meditationen: eine Einleitung in die Phänomenologie*.（船橋弘訳, 1980,「デカルト的省察」細谷恒夫責任編集『世界の名著 62　ブレンターノ・フッサール』中央公論社.）

市野川容孝, 2006,『社会』岩波書店.

Inkeles, Alex, 1964, *What is Sociology?*, Prentice-Hall.（辻村明訳, 1967,『社会学とは何か』至誠堂.）

岩井克人, 2005,『会社はだれのものか』平凡社.

金菱清, 2010,『体感する社会学』新曜社.

厚東洋輔, 1991,『社会認識と想像力』ハーベスト社.

小室直樹, 1974,「構造-機能分析の論理と方法」青井和夫編『社会学講座 1　理論社会学』東京大学出版会, 15-80 頁.

Kuhn, Thomas, 1962, *The Structure of Scientific Revolutions*, University of Chicago Press.（中山茂訳, 1971,『科学革命の構造』みすず書房.）

Keynes, John Maynard, 1936, *The General Theory of Employment, Interest and Money*.（間宮陽介訳, 2008,『雇用, 利子および貨幣の一般理論（上・下)』岩波文庫.）

岸本重陳, 1978,『「中流」の幻想』講談社.（講談社文庫版, 1985.）

Lynd, Robert S., and Helen M. Lynd, 1929, *Middletown: A Study in a Contemporary American Culture*, Harcourt.

———, 1937, *Middletown in Transition: A Study of Cultural Conflict*, Harcourt.（中村八朗訳, 1990,『ミドゥルタウン』〔上記２冊の抄訳〕

青木書店.）

Lévi-Strauss, Claude, 1949 → 1967, *Les Structures élémentaires de la parenté, Deuxième èd.*, Mouton & Co.（馬渕東一・田島節夫監訳, 1977, 『親族の基本構造』番町書房.）

Locke, John, 1690, *Two Treatises of Government*.（鵜飼信成訳, 1968, 『市民政府論』岩波文庫.）

Luhmann, Niklas, 1984, *Soziale Systeme: Grundrißeiner allgemeinen Theorie*, Suhrkamp.（佐藤勉監訳, 1993, 『社会システム理論（上・下）』恒星社厚生閣.）

――――, 1997, *Die Gesellschaft der Gesellschaft* I & II, Suhrkamp.（馬場靖雄他訳, 2009, 『社会の社会 I・II』法政大学出版局.）

MacIntyre, Alasdair, 1981, *After Virtue: A Study in Moral Theory*, University of Notre Dame Press.（篠崎榮訳, 1993, 『美徳なき時代』みすず書房.）

MacIver, Robert M., 1917, *Community*, Macmillan.（中久郎他訳, 1975, 『コミュニティ』ミネルヴァ書房.）

Malinowski, Bronislaw, 1922, *Argonauts of the Western Pacific: An Account of Native Enterprise and Adventure in the Archipelagoes of Melanesian New Guinea*.（増田義郎訳, 2010, 『西太平洋の遠洋航海者――メラネシアのニュー・ギニア諸島における, 住民たちの事業と冒険の報告』講談社学術文庫.）

Mannheim, Karl, 1929, *Ideologie und Utopie*.（徳永恂訳, 1979, 「イデオロギーとユートピア」高橋徹責任編集『中公バックス世界の名著 68　マンハイム　オルテガ』中央公論社.）

Marx, Karl, and Friedrich Engels, 1848, *Manifest der Kommunistischen Partei*.（大内兵衛・向坂逸郎訳, 1951, 『共産党宣言』岩波文庫.）

Mead, George Herbert, 1934, *Mind, Self, and Society*, University of Chicago Press.（河村望訳, 1995, 『精神・自我・社会』人間の科学社.）

Merton, Robert K., 1957, *Social Theory and Social Structure,* revised ed., Free Press.（森東吾他訳，1961，『社会理論と社会構造』みすず書房.）

森下伸也・君塚大学・宮本孝二，1989，『パラドックスの社会学』新曜社.

Mill, John Stuart, 1859, *On Liberty*.（塩尻公明・木村健康訳，1971，『自由論』岩波文庫；早坂忠訳，1979，「自由論」関嘉彦責任編集『世界の名著 49　ベンサム　ミル』中央公論社.）

———，1863, *Utilitarianism*.（伊原吉之助訳，1979，「功利主義論」関嘉彦責任編集『世界の名著 49　ベンサム　ミル』中央公論社.）

村上泰亮，1984，『新中間大衆の時代』中央公論社.

尾高朝雄，1936 → 1968，『国家構造論』岩波書店.

Pakulski, J. and M. Walters, 1996, "The Reshaping and Dissolution of Social Class in Advanced Society," *Theory and Society*, vol.25, no.5 : 667-691.

Parsons, Talcott, 1937, *The Structure of Social Action,* Free Press.（稲上毅・厚東洋輔・溝部明男訳，1974-1989，『社会的行為の構造　1～5』木鐸社.）

———，1951, *The Social System,* Free Press.（佐藤勉訳，1974，『社会体系論』青木書店.）

———，1966, *Societies: Evolutionary and Comparative Perspectives,* Prentice-Hall.（矢澤修次郎訳，1971，『社会類型――進化と比較』至誠堂.）

———，1971, *The Systems of Modern Societies,* Prentice-Hall.（井門富二夫訳，1977，『近代社会の体系』至誠堂.）

Putnam, Hilary, 2002, *The Collapse of the Fact/Value Dichotomy and Other Essays,* Harvard University Press.（藤田晋吾・中村正利訳，2006，『事実／価値二分法の崩壊』法政大学出版局.）

Putnam, Robert D., 1994, *Making Democracy Work: Civic Traditions in Modern Italy,* Princeton University Press.（河田潤一訳，2001，『哲学する民主主義――伝統と改革の市民的構造』NTT 出版.）

———, 2000, *Bowling Alone: The Collapse and Revival of American Community*, Simon & Schuster.（柴内康文訳, 2006,『孤独なボウリング——集団コミュニティの崩壊と再生』柏書房.）

Rawls, John, 1971, *A Theory of Justice*, Harvard University Press.（矢島鈞次監訳, 1979,『正義論』紀伊國屋書店；川本隆史・福間聡・神島裕子訳, 2010,『正義論（改訂版）』紀伊國屋書店.）

———, 1993, *Political Liberalism*, Harvard University Press.

Rickert, Heinrich, 1899, *Kulturwissenschaft und Naturwissennschaft*.（佐竹哲雄訳, 1939,『文化科学と自然科学』岩波書店.）

Rorty, R., 1982, *Consequences of Pragmatism*, The University of Minnesota Press.（室井尚・吉岡洋・加藤哲弘・浜日出夫・庁茂訳, 1985,『哲学の脱構築——プラグマティズムの帰結』御茶の水書房.）

Said, Edward W., 1978, *Orientalism*, Georges Borchardt.（板垣雄三・杉田秀明監修, 今沢紀子訳, 1993,『オリエンタリズム（上・下)』平凡社.）

Sandel, M. J., 1982, *Liberalism and the Limits of Justice*, Cambridge University Press.（菊地理夫訳, 1992,『自由主義と正義の限界』三嶺書房.）

Schumpeter, Joseph, 1908, *Das Wesen und der Haupinhalt der theoretischen Nationalökonomie*.（大野忠男他訳, 1983,『理論経済学の本質と主要内容（上・下)』岩波文庫.）

Schütz, Alfred, 1932, *Der Sinnhafte Aufbau der Sozialen Welt*, Springer Verlag.（佐藤嘉一訳, 1982,『社会的世界の意味構成』木鐸社.）

———, 1973, *Collected Papers I : The Problem of Social Reality*, Martinus Nijhoff.（渡部光他訳, 1985,『アルフレッド・シュッツ著作集　第１巻　社会的現実の問題Ⅰ，第２巻　社会的現実の問題Ⅱ』マルジュ社.）

Searle, John R., 1969, *Speach Acts: An Essay in the Philosophy of Language*,

Cambridge University Press.（坂本百大・土屋俊訳，1986，『言語行為』勁草書房.）

————，1995, *The Construction of Social Reality*, Penguin Books.

Seidman, Steven, 1992, "Postmodern Social Theory as Narrative with a Moral Intent," pp.47-81, in S. Seidman and D. G. Wagner eds., *Postmodernism and Social Theory*, Blackwell.

盛山和夫，1991，「秩序問題の問いの構造」盛山和夫・海野道郎編『秩序問題と社会的ジレンマ』ハーベスト社，3-33 頁.

————，1995，『制度論の構図』創文社.

————，1999，「近代の階層システムとその変容」『社会学評論』50（2): 3-23.

————，2000，『権力』東京大学出版会.

————, 2006a,「理論社会学としての公共社会学に向けて」『社会学評論』57（1): 92-109.

————，2006b，『リベラリズムとは何か——ロールズと正義の論理』勁草書房.

————，2010，「社会学とは何か」『社会学論叢』167: 1-19.

盛山和夫・海野道郎編，1991，『秩序問題と社会的ジレンマ』ハーベスト社.

Selznick, Philip, 1992, *The Moral Commonwealth: Social Theory and the Problem of Community*, University of California Press.

清水幾太郎，1972，『倫理学ノート』岩波書店.

清水幾太郎責任編集，1980，『世界の名著 46　コント・スペンサー』中央公論社.

Simmel, Georg, 1900, *Philosophie des Geldes*, Duncker & Humblot.（居安正訳，1999，『貨幣の哲学』白水社.）

————，1908, *Soziologie*, Duncker & Humblot.（居安正訳，1994，『社会学（上・下)』白水社.）

————，1917, *Grundfragen der Soziologie: Individuum und Gesellschaft,*

Gruyter.（阿閉吉男訳, 1966,『社会学の根本問題――個人と社会』現代教養文庫, 社会思想社； 清水幾太郎訳, 1979, 岩波文庫.）
Smith, Adam, 1776, *An Inquiry into the Nature and Causes of the Wealth of Nations*.（杉山忠平・水田洋訳, 2000-2001,『国富論 (1)～(4)』岩波文庫.）
Spector, Malcom and John I. Kitsuse, 1977, *Constructing Social Problems*, Cummings.（村上直之他訳, 1990,『社会問題の構築――ラベリング理論をこえて』マルジュ社.）
Sumner, William Graham, 1906, *Folkways: A Study of the Sociological Importance of Usages, Manners, Customs, Mores, and Morals*, Ginn & Co.（青柳清孝・園田恭一・山本英治訳, 1975,『フォークウェイズ』(抄訳) 現代社会学体系 3, 青木書店.）
高田保馬, 1919,『社会学原理』岩波書店.
――――, 1925,『階級及第三史観』改造社.（復刻版, 2003, ミネルヴァ書房.）
――――, 1940,『勢力論』日本評論社.（復刻版, 2003, ミネルヴァ書房.）
Taylor, Charles, 1995, *Philosophical Arguments*, Harvard University Press.
Taylor, Charles et. al., 1994, *Multiculturalism: Examining the Politics of Recognition*, Princeton University Press.（佐々木毅他訳, 1996,『マルチカルチュラリズム』岩波書店.）
富永健一, 1974,「社会体系分析の行為論的基礎」青井和夫編『社会学講座 1 理論社会学』東京大学出版会, 81-136 頁.
――――, 1995,『社会学講義』中公新書.
――――, 2008,『思想としての社会学――産業主義から社会システム理論まで』新曜社.
Tönnies, Ferdinand, 1887, *Gemeinschaft und Gesellschaft: Grundbegriffe der reinen Soziologie*.（杉之原寿一訳, 1957,『ゲマインシャフトとゲ

ゼルシャフト（上・下)』岩波文庫.）
薬師院仁志, 1999,『禁断の思考――社会学という非常識な世界』八千代出版.
吉田民人, 1974,「社会体系の一般変動理論」青井和夫編『社会学講座 1 理論社会学』東京大学出版会, 189-238 頁.
好井裕明, 2006,『「あたりまえ」を疑う社会学――質的調査のセンス』光文社新書.
Walzer, Michael, 1993, *Spheres of Justice: A Defence of Pluralism and Equality*, Basic Books.（山口晃訳, 1999,『正義の領分――多元性と平等の擁護』而立書房.）
Weber, Max, 1904a, *Die Objektivität sozialwissenschaftlicher und sozialpolitischer Erkenntnis*.（富永祐治・立野保男訳, 折原浩補訳, 1998,『社会科学と社会政策にかかわる認識の「客観性」』岩波文庫.）
――――, 1904b, *Die Protestantische Ethik und der《Geist》des Kapitalismus*.（*Gesammlte Aufsätze zur Religionssoziologie*, Bd. I, 所収.）（梶山力・大塚久雄訳, 1955,『プロテスタンティズムの倫理と資本主義の精神』岩波書店.）
――――, 1913, *Über einige Kategorien der verstehenden Soziologie*.（林道義訳, 1968,『理解社会学のカテゴリー』岩波文庫.）
――――, 1919, *Wissenschaft als Beruf*.（尾高邦雄訳, 1936, 改訳版 1980,『職業としての学問』岩波文庫.）
――――, 1921, "Soziologische Grundbegriffe," *Wirtschaft und Gesellshaft*, Tübingen: J. C. B. Mohr: I, 1-30.（阿閉吉男・内藤莞爾訳, 1968,『社会学の基礎概念』角川書店; 清水幾太郎訳, 1972,『社会学の根本概念』岩波書店.）
ヴェーバー, M., 1967, 濱島朗訳,『権力と支配』有斐閣.
ヴェーバー, M., 1970, 世良晃志郎訳,『支配の諸類型』創文社.
Whyte, William Foote, 1943, *Street Corner Society*, University of Chicago

Press.（奥田道大・有里典三訳，2000，『ストリート・コーナー・ソサエティ』有斐閣.）
Winch, Peter, 1972, *Ethics and Action*, Routledge.（奥雅博・松本洋之訳，1987，『倫理と行為』勁草書房.）
Woolgar, S. and D. Pawluch, 1985, "Ontological Gerrymandering: The Anatomy of Social Problems Explanation," *Social Problems*, 32 (2): 214-227.（平英美訳，2000，「オントロジカル・ゲリマンダリング——社会問題をめぐる説明の解剖学」平英美・中河伸俊編『構築主義の社会学——論争と議論のエスノグラフィー』世界思想社，18-45頁.）